고려거란전쟁

고려거란전쟁

ⓒ 길승수 2023

초판 1쇄	2023년 5월 4일
초판 3쇄	2024년 4월 10일

지은이	길승수

출판책임	박성규	펴낸이	이정원
편집주간	선우미정	펴낸곳	도서출판 들녘
기획이사	이지윤	등록일자	1987년 12월 12일
디자인진행	하민우	등록번호	10-156
편집	이동하·이수연·김혜민	주소	경기도 파주시 회동길 198
디자인	고유단	전화	031-955-7374 (대표)
본문일러스트	김태양		031-955-7381 (편집)
마케팅	전병우	팩스	031-955-7393
경영지원	김은주·나수정	이메일	dulnyouk@dulnyouk.co.kr
제작관리	구법모		
물류관리	엄철용		

ISBN   979-11-5925-768-1 (03910)

고려거란전쟁

길승수 지음

들녘

•일러두기

1. '귀주대첩'으로 널리 알려진 '귀주'라는 지명은 '구주'로 표기한다. 따라서 '귀주대첩'도 '구주대첩'으로 표기한다.

2. '고려 성종(成宗)'과 '거란 성종(聖宗)'은 한자는 다르지만 한글 음이 같으므로 '거란 성종'은 '거란 황제 야율융서'로 표기한다.

3. 『요사』(遼史)는 거란의 역사서이다.

4. 고려거란전쟁의 시기를 이 책에서는 아래와 같이 구분한다.

　　1차 침공-993년 소손녕의 침공.

　　2차 침공-1010년 거란 황제 야율융서의 침공(소배압이 도통).

　　3차 침공-1014년 소적렬의 침공.

　　4차 침공-1015년 야율세량의 침공.

　　5차 침공-1017년 소합탁의 침공.

　　6차 침공-1018년 소배압의 침공(구주대첩).

　　7차 침공-1023년 (야율)해령의 침공.

저자의 말

천여 년 전, 고려와 거란은 오랜 기간 전쟁을 했다. 이 당시에 활약한 고려의 인물 가운데 한 사람인 '서희'에 대해서 보통 이렇게 알려져 있다. "거란의 소손녕이 고려를 침공하자(993년), 서희가 담판을 벌여 소손녕을 설득해서 물러가게 했다."라고…. 그런데 정말 이상하지 않은가! 말로만 얻을 수 있는 평화는 존재할 수 없다는 것을 우리는 이미 여러 역사적 교훈을 통해 잘 알고 있다. 역사 기록을 바탕으로 이 장면을 다시 보자. 당시의 실제 모습을 살펴보면, 서희가 적절히 군대를 움직여 거란군의 진격을 막아냈음을 알 수 있다. 그렇기에 담판이 없었더라도 거란군은 물러갔을 것이다. 서희와 소손녕의 '담판'은 전쟁 후 평화 조건을 정하는 것이었지, 그 담판 때문에 소손녕이 물러간 것은 아니었다. 이 외에도 '고려거란전쟁'에 대하여 잘못 알려져 있거나 알려지지 않은 사실은 꽤 많다. 이 책은 '고려거란전쟁'에 대한 진실한 사실을 알리고자 쓰였다.

흔히 역사책은 어렵다고 한다. 나는 이 같은 선입견을 깨기 위해 역사적 사실에 충실하되 맥락에 맞는 약간의 대사를 삽입하여 독자들에게 쉽게 다가가는 책을 쓰고자 했다. 역사적 팩트에 충실하되 흥미를 잃지 않는 역사서를 구성하다 보니 무려 14년이란 시간이 흘렀다.

앞으로 필자는 우리 역사 속에서 잘 알려져 있지 않은 이야기, 혹은 알려져 있지만 다른 관점에서 볼 수 있는 이야기들을 다뤄보려고 한다. 예를 들어 '임진왜란'과 '병자호란'은 아주 익숙한 소재이지만, 다른 관점에서 보면 새롭고 흥미로운 이야기들을 끌어낼 수 있는 보고이기도 하다. 그런 이야기들을 꾸준히 발굴하여 독자 여러분께 선보이고 싶다.

이 책이 '고려거란전쟁'에 대한 여러분의 이해를 높이는 데 조금이나마 도움이 되길 바란다.

2023년 5월
길승수

차
례

저자의 말 __ 5

프롤로그: 밀어붙여, 우린 할 수 있어! __ 12

제1장 왕좌를 향하여 _____ 14

흔들리는 신라와 발해 / 거란의 태조 야율아보기 / 북진하라! 왕건의 북진정책 / 발해의 멸망(926년)과 발해인들의 귀순 / 거란을 공격하라! / 만부교 사건 / 뜬구름 같은 인생 / 왕건의 훈요10조 / 거란이 고려에 눈을 돌리다 / 정종과 광종의 북방개척 / 거란의 이원적 통치체제와 거란 황제들의 비극 / 후주(後周)의 2대 황제 시영(柴榮)의 북벌 / 송나라의 건국(960년) / 송나라가 북벌에 나서다 / 거란의 여걸, 승천황태후 / 고량하 전투(979년) / 이 시기 고려와 거란, 송나라의 관계 / 고려인 강전, 거란의 심장부를 타격하다 / 고려 성종의 즉위 / 한국의 선비 1호, 유교 문화의 기틀을 만들다 / 모자의 나라를 만든 성종 / 송나라 태종의 2차 북벌과 원군 요청 / 거란, 폭발적으로 팽창하다

제2장 1차 고려 거란전쟁 _____ 64

불어오는 바람 / 짐이 직접 군대를 이끌 것이다 / 서희, 봉산군을 구하러 출전하다 / 소손녕의 위협과 서희의 판단 / 항복론과 할지론 / 승부는 적의 빈틈을 보아 기동하는 데 있습니다 / 소손녕 / 안융진 / 신이 불민하나, 감히 명령을 받들겠나이다 / 요나라 동경은 원래 우리 땅이다 / 두루뭉술하게 회담을 마무리하다 / 거란에 보복하라! / 고려와 거란의 축성 / 서희의 전략 '방패와 창' / 고려 성종, 거란 공주와 결혼하다 / 성종과 서희의 사망 / 뛰어난 신하와 훌륭한 왕 / 소손녕의 죽음 / 전연의 맹

제3장 영웅들이 나타나다_____108

왕순(王詢), 사생아의 탄생 / 아빠, 아빠! / 내 시신을 엎어 묻어라 / 출가 / 생명의 위협 / 급박한 정세 / 강조(康兆)의 정변 / 현종의 즉위와 목종의 운명 / 강조의 권력 집중과 현종의 혼인 / 거란 조정 / 송나라 조정 / 거란, 40만 대군으로 고려를 침공하다(1010년 11월) / 무성(武成) 양규(楊規), 흥화진에 주둔하다 / 너희 처자식들까지 모조리 죽일 것이다 / 무적의 검차진 / 거란군은 입안에 들어 온 음식과 같으니 / 완항령(緩項嶺) / 나는 고려인이다! / 강조의 명을 거부한 양규 / 파죽지세 거란에 맞선 고려의 마지막 작전 / 지채문, 연이어 승전을 거두다! / 마탄 전투, 그리고 탁사정의 배신 / 위기에 빠진 고려에 두 명장이 등장하다 / 흥화진 대장대 / 큰 유성(流星)이 곽주에 떨어지다 / 불가능한 작전 / 서경 서쪽 절 야율융서의 진영 / 조원과 강민첨의 걱정 / 고려 조정 / 서서히 이길 방법 / 현종의 결단 / 고난의 시작 / 하공진과 유종 / 눈물의 피난 / 불타는 개경, 그리고 거란군의 회군 / 기러기 / 공주절도사 김은부 / 너희들이 어찌 이처럼 할 수 있느냐 / 드디어 나주에 이르다 / 반격의 시작 / 구주 협곡 전투와 무로대 기습 / 백성들을 구하라! / 현종의 개경으로 가는 길 / 하루에 세 번 싸워 세 번 모두 이기다 / 압록강이 거란군을 삼키다 / 삼한후벽상공신(三韓後壁上功臣)

제4장 계속되는 위기_____218

강은천이 장원급제하다 / 만년 부장 강감찬 / 강감찬과 관련된 설화들 / 한림학사승지 / 현종, 다시 찾은 개경에서 전후 수습에 매진하다 / 전쟁에 대비하는 고려 / 영일만 / 굳세고 과감한 의기(志氣)의 소유자 / 하공진의 절개 / 강동6주를 반환하라! / 1012년 5월 2일 영일만 / 동북면병마사 강감찬 / 거란의 전쟁 준비 / 부교 / 송나라와의 외교 / 발뒤꿈치를 잘라서 신발에 맞게 한다면 / 서경 장락궁 / 야율자충 / 거란의 명장 야율세량 / 야율세량의 침공 / 송나라의 도움을 요청하다 / 두 번째 대회전 / 현종, 강경책을 쓰다 / 다시 전쟁을 대비하다 / 거란의 어려움 / 소합탁이 거란의 쇠퇴기를 열다 / 소합탁의 고려 침공

제5장 구주대첩 _____274

현종과 강감찬 / 거란 황제 야율융서와 소배압 / 강감찬, 상원수로 임명되다 / 1018년 고려의 방어선 / 방어선을 끌어 올리다 / 파격적인 전술 / 달리는 소배압 / 고려군도 달린다 / 마탄, 마탄, 마탄이다! / 거란군의 전략 / 강감찬 진영 / 승부사 소배압 / 청야전술 / 소배압, 선봉대를 개경으로 보내다 / 금교역 / 소배압의 결정 / 구주로 집결하라 / 거란군의 작전회의 / 고려군 진영과 거란군 진영 / 구주대첩의 시작 / 바람을 몰고 온 남자 / 총공격 / 흥의역 / 구주대첩 후 고려와 거란 / 1030년 11월 팔관회 / 고려 현종, 관용의 정신과 용기를 갖춘 위대한 왕

에필로그: 현종 이후 __ 318

주 __ 320

참고문헌 __ 326

프롤로그
밀어붙여, 우린 할수 있어!

"밀어!"

"밀어붙여!"

"우린 할 수 있어!"

1019년 2월 1일, 검차를 밀고 있는 고려 군사들은 훗날 구주대첩이라고 불리게 될 전장에 서 있었다. 이들은 서로의 얼굴을 보며 격려했다. 하나가 되어, 가지고 있는 모든 힘을 사용할 순간이었다.

이들 대부분은, 가족이나 친구들을 거란군에 잃은 사람들이었다. 따라서 쉽게 무너지지 않았고 무너질 수도 없었다.

거란군의 침략은 벌써 10년 가까이 계속되고 있었다. 거의 매년 거란은 고려를 침략했고 무수한 고려인의 인명피해가 발생했다. 특히 9년 전(1010년), 3년 전(1016년)에는 양측의 주력군 간에 대규모 회전이 벌어졌었다. 그 두 번의 전투에서 고려군은 모두 패해서 수만 명이 전사했다. 이번이 세 번째였다. 이 전투에 고려의 운명이 달려있었다.

이번에는 달라야 할 터였다.

　그때 북쪽에서 불던 바람이 갑자기 방향을 바꿔 남쪽에서 불어오기 시작했다. 총사령관인 강감찬의 얼굴에 의미심장한 미소가 드리워졌다.

　"그가 때맞춰 왔군!"

구주대첩 중에 검차를 이용하는 고려군과
검차를 넘으려는 거란군

제1장

왕좌를 향하여

흔들리는 신라와 발해

9~10세기, 동아시아 전체의 정치지형이 급변하는 혼란스러운 군웅할거의 시대가 펼쳐졌다.

살수대첩(612년), 한산대첩(1592년)과 함께 우리나라 3대 대첩으로 불리는 구주대첩(1019년). 그 이야기의 시작은 9세기로 거슬러 올라간다.

9세기 말, 천여 년간 찬란한 역사와 문화를 자랑했던 신라는 점차 국운이 기울고 있었다. 정치는 부패했고 사회의 구조적 모순은 정상적인 방법으로 해결될 수 없었다. 도적들이 들끓었고 백성들은 살기 어려워졌다. 전국 각지에서 새로운 세상을 열기 원하는 군웅들이 일어났던 배경이다.

그 수많은 군웅 중에, 견훤(甄萱)과 왕건(王建)이 단연 두각을 드러냈다. 견훤은 옛 백제 땅에 후백제를 세우고(900), 왕건은 고구려의 뒤를 잇는 고려를 세운다(918).

이때 신라는 아직 멸망하지는 않았지만 경주를 비롯한 경상도 일부 지역만을 유지하고 있을 뿐이었다.

북쪽에는 발해가 있었다. 발해는 고구려가 멸망(668년)한 뒤, 고구려 유민인 대조영(大祚榮)이 세운 나라였다. 고구려 유민들은 당나라 영주(營州)[1]로 끌려갔다가 폭정에 항거하여 반란을 일으켰다. 대조영

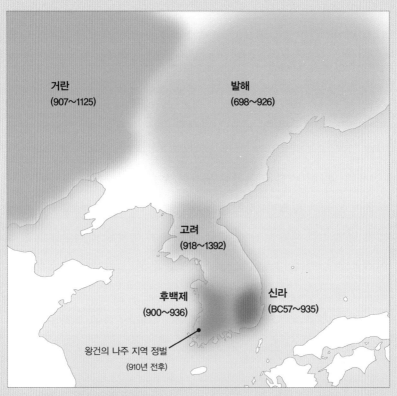

거란
(907~1125)

발해
(698~926)

고려
(918~1392)

후백제
(900~936)

신라
(BC57~935)

왕건의 나주 지역 정벌
(910년 전후)

고려, 후백제, 신라, 발해, 거란

은 무리를 이끌고 동쪽으로 탈출하여 수백 킬로미터를 이동한다. 당나라 군대가 그들을 추격했으나, 대조영은 천문령에서 당군을 물리치고 동모산에서 발해를 세웠다(698년).

이후 발해는 당나라와 대립하며 성장을 거듭하여 영토가 사방 5천 리에 달하는 국가로 성장하게 된다.

그러나 9세기 말, 2백 년간 존속하며 해동성국이라고 불리던 발해에도 점차 어두운 그림자가 드리워지기 시작했다.

거란의 태조 야율아보기

중국의 통일 왕조인 당나라 역시 신라와 발해처럼 9세기 말 혼란을 거듭하다가 907년에 멸망한다. 당나라가 멸망하자 만리장성 이남에는 5대10국 시대라고 불리는 난세가 펼쳐졌다.

이즈음 만리장성 북쪽에서 한 부족이 맹렬한 기세로 일어나기 시작했다. 시라무렌(西剌木倫)강 유역에서 유목생활을 하고 있던 거란(契丹)이라는 민족이었다. 이제까지 거란족은 국가를 이루지 못하고 부족 단위로 살아갔으며 시대에 따라서 고구려나 당나라, 발해에 복속되기도 했다.

그런데 9세기 말 거란에 야율아보기(耶律阿保機, 872~926)라는 걸출한 인물이 등장했다. 기록에 의하면, "야율아보기는 키가 9척이었고 눈빛은 사람을 쏘아보는 듯했으며 삼백 근의 활을 당길 수 있었다."[2]

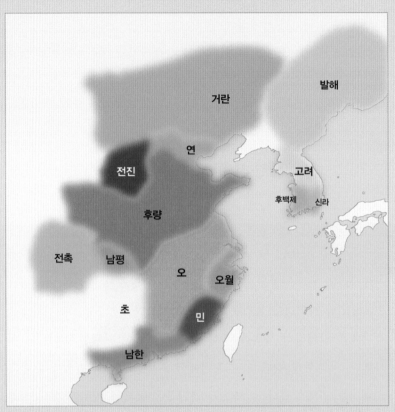

거란과 주변국

고 한다.

야율아보기는 순식간에 거란족을 통합하고 907년에 황제를 칭했다.[3] 거란족을 통합한 야율아보기는 주변 부족들을 정복해나갔고 발해와도 지속해서 전쟁을 벌였다.

915년에는 압록강까지 군대를 몰고 왔으며, 917년에는 만리장성을 넘어 유주(幽州, 지금의 북경 부근)를 공격했다.

주변을 정복하던 야율아보기는 두 가지 일을 실행하기로 선포한다.

"아직 끝내지 못한 두 가지 일이 있으니, 신속히 전쟁 준비를 하도록 하라!"

그 하나는 서쪽 정벌이었다. 924년과 925년에 걸쳐서 지금의 몽골을 지나 3천여 킬로미터를 행군하여 부도성이라는 곳을 점령한다. 이로써 서쪽 부족들을 모두 복속시켜 동서교역로를 장악하게 된다.

서쪽 정벌을 마치자 야율아보기가 부하들에게 명령했다.

"발해는 대대로 원수인데 아직 그 원한을 씻지 못했다. 어찌 편안히 있겠는가!"[4]

야율아보기는 총공세를 펼쳐 발해의 부여부(扶餘府)를 점령하고 수도인 상경용천부(上京龍泉府)로 곧장 돌격했다. 불과 한 달, 발해는 속수무책으로 무너지고 만다.

해동성국으로 불리던 발해가 이토록 쉽게 멸망한 데는 발해 내부에서 격화된 분란이 가장 큰 원인으로 꼽힌다. 멸망 후에도 남은 발해 세력들의 저항이 거셌기 때문에 야율아보기는 발해의 상경성에서 철수하여 지금의 지린성(吉林省) 부근 부여부까지 물러난다. 그때 부

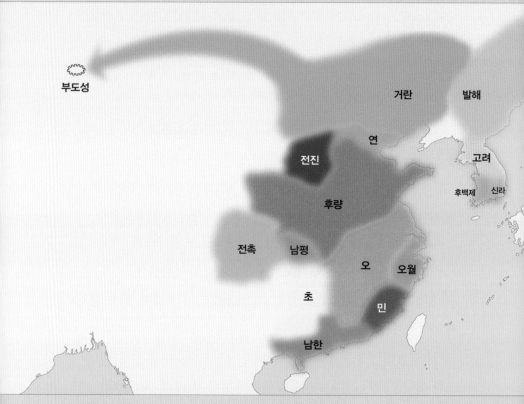

부도성

거란   발해

연   고려

전진   후백제   신라

후량

전촉   남평   오   오월

초   민

남한

부도성 지도

여부에 머물던 야율아보기가 급작스럽게 사망하게 되는데(926년 7월)[5],
발해부흥세력에 의해서 암살되었다는 설도 있다.

비록 야율아보기는 사망했지만, 거란은 발해와 동서교역로를 손에
넣으면서 당대 동아시아에서 가장 강력한 국가로 떠오르게 된다.

거란 소자(小字)가 새겨진
청동거울(국립중앙박물관).
야율아보기는 거란 대자(大字)와
거란 소자(小字)라는 두
가지 문자를 만든다. 옆의
사진은 거란 소자가 새겨진
청동거울로, 거란에서 고려로
유입된 것으로 보인다. 거란
대자는 한자와 같은 표의문자이고,
거란 소자는 한글과 같은 표음적인
요소가 있는 문자로 알려져 있다. 현재
거란 문자를 완전히 해독하지는 못하고 있다.

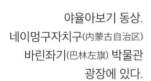

야율아보기 동상.
네이멍구자치구(内蒙古自治区)
바린좌기(巴林左旗) 박물관
광장에 있다.

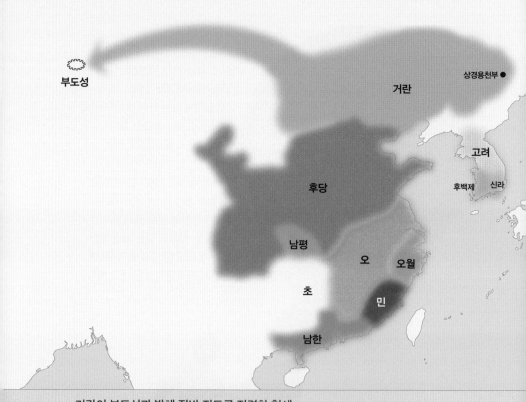

부도성

거란

상경용천부 ●

고려

후당

후백제   신라

남평

오   오월

초

민

남한

거란이 부도성과 발해 절반 정도를 점령한 형세

북진하라! 왕건의 북진정책

왕건이 세운 나라의 이름은 고려였다. 국호를 고려라고 한 만큼 고구려 계승의식을 뚜렷이 드러냈다. 남쪽으로 후백제와 대립하고 있는 와중에도, 왕건은 북진정책을 실시했으며 즉위하자마자 먼저 평양을 점령하고 개척했다(918년).

당시 평양은 고려의 영향권 안에 있었으나 직접 점령하고 있지는 않았다.[6] 왕건은 다음과 같은 명령을 내려서 평양을 직접 지배한다.

"평양은 옛 고구려의 도읍으로 황폐한 지 오래되었지만, 그 터는 그대로 남아 있다. 백성을 그곳으로 이주시켜 국경의 방어태세를 튼튼히 하면 길이길이 이익이 될 것이다."[7]

드디어 평양을 대도호부(大都護府)로 삼고는 사촌 동생 왕식렴(王式廉)을 보내 수비하게 했다. 왕건이 평양을 대도호부로 삼은 이유는 단지 평양만을 지배하기 위해서가 아니었다. 평양을 발판으로 북방을 개척하는 것이 진짜 목적이었다. 왕건은 재위 동안 대동강과 청천강 사이에 지속하여 성을 쌓아나간다.[8]

이곳에는 여진족들이 살고 있었으므로 그들을 축출하고 성을 쌓는 데엔 국가의 총력이 필요했다. 또한 건국 초기의 왕건은 남쪽에서 백성들을 이주시키는 사민정책(徙民政策)을 실시했다. 후백제와 대립하고 있는 상황에서 이것은 결코 쉬운 일이 아니었다. 왕건의 북방개척 의지는 그만큼 확고했다.

왕건은 평양을 서경(西京)으로 격상시키고 종국에는 나라의 수도로

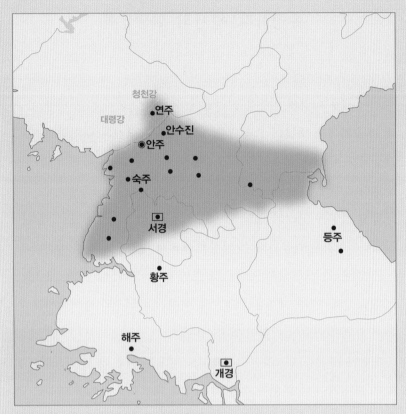

청천강

대령강

연주

안수진

◎안주

숙주

서경

등주

황주

해주

개경

왕건이 청천강까지 성을 쌓아 영토를 확장한다.

왕건의 동상. 북한에서 1992년 개성시 개풍군에
있는 왕건릉 확장공사를 하는 과정에서 발견한
왕건 상이다. 부처님의 신체적 특징을
하고 있다.(출처: 불교신문 (http://www.ibulgyo.com))

삼으려고 했다. 서경을 개발하는 데에는 비용이 많이 들었고 수많은 사람이 공사에 동원되었다. 이 때문에 불만이 속출했지만 왕건은 그런 불만을 모두 억누르고 일을 추진했다. 왕건은 나라의 이름뿐만이 아니라 고구려의 영토까지 확실히 계승하려고 했던 것이다.[9]

발해의 멸망(926년)과 발해인들의 귀순

왕건이 북방을 개척하는 동안 북쪽에서 큰 사건이 벌어진다. 거란의 야율아보기가 발해를 멸망시켰던 것이다(926년). 발해가 멸망하자 발해유민들은 살길을 찾아 꼬리에 꼬리를 물고 고려로 몰려왔다.[10]

특히 발해의 세자 대광현(大光顯)은 수만 명의 발해인과 더불어 고려로 귀순했다. 왕건은 이들을 매우 후하게 대접했다. 북방개척에 이들의 힘을 이용할 생각이었다. 이후 왕건은 신라를 병합(935년)하고, 일리천 전투(936년)에서 승리를 거두어 후백제마저 합병한다. 이때 발해인들도 큰 역할을 했을 것이다.

왕건은 부인을 29명이나 두었다. 전국의 유력호족들의 딸과 혼인관계를 맺어 동맹을 공고히 한 것이었다. 신라 왕실과도 중첩적인 혼인 관계를 맺었다. 기록이 매우 단편적으로 남아 있지만, 발해인들과도 이런 혼인 관계를 맺었다.

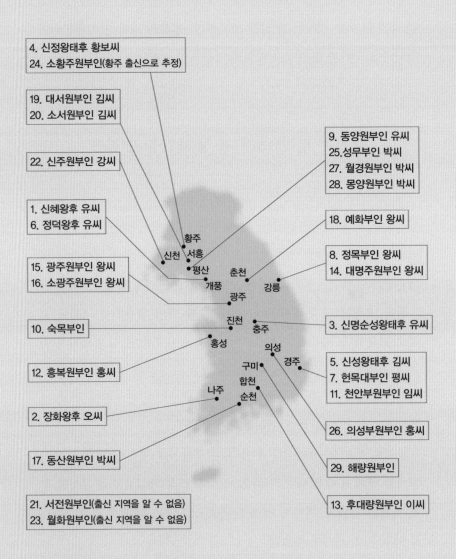

4. 신정왕태후 황보씨
24. 소황주원부인(황주 출신으로 추정)

19. 대서원부인 김씨
20. 소서원부인 김씨

22. 신주원부인 강씨

1. 신혜왕후 유씨
6. 정덕왕후 유씨

15. 광주원부인 왕씨
16. 소광주원부인 왕씨

10. 숙목부인

12. 흥복원부인 홍씨

2. 장화왕후 오씨

17. 동산원부인 박씨

21. 서전원부인(출신 지역을 알 수 없음)
23. 월화원부인(출신 지역을 알 수 없음)

9. 동양원부인 유씨
25. 성무부인 박씨
27. 월경원부인 박씨
28. 몽양원부인 박씨

18. 예화부인 왕씨

8. 정목부인 왕씨
14. 대명주원부인 왕씨

3. 신명순성왕태후 유씨

5. 신성왕태후 김씨
7. 헌목대부인 평씨
11. 천안부원부인 임씨

26. 의성부원부인 홍씨

29. 해량원부인

13. 후대량원부인 이씨

황주
신천 서흥
평산
개풍
광주
춘천
강릉
진천
충주
홍성
의성
구미 경주
합천
순천
나주

왕건의 부인 분포도

거란을 공격하라!

발해가 멸망한 지 12년 후(938년), 고려에 인도의 승려인 홍범대사(弘梵大師) 질리부일라(喫哩嚩日羅)가 찾아온다. 그는 당시 동아시아를 돌아다니며 불법을 펼치고 있었다. 당대의 유명한 고승이었기 때문에 왕건은 궁궐 밖까지 나아가 성대한 의식을 갖추어 그를 맞이했다.

왕건이 조용히 질리부일라에게 말했다.

"발해는 우리와 혼인한 나라입니다. 그런데 그 왕이 거란의 포로가 되었습니다. 조정(후진(後晉))과 더불어 거란을 치고자 하니, 대사는 돌아가서 천자께 양쪽에서 공격할 수 있도록 권유해주십시오."[11]

왕건은 거란을 공격하려고 한 것이다. 여기서 천자는 후진(後晉)의 석경당(石敬瑭)을 말한다. 석경당은 후당(後唐)을 멸망시키고 후진을 건국했다(936). 그런데 그 건국 과정에서 거란의 지원을 받았고 그 대가로 만리장성 이남의 연운16주를 할양했다. 연운16주는 지금의 북경을 포함하는 지역으로 대단히 풍요로운 곳이었다. 거란은 이곳의 경제력을 바탕으로 제국으로 성장한다.

석경당(892~942)은 거란에 연운16주를 할양했을 뿐만이 아니라 매년 막대한 공물도 바친다. 거기에 더해 매우 굴욕적인 관계도 맺는다. 당시 거란은 태종 야율덕광(耶律德光, 902~947)이 2대 황제로 재위하고 있었는데, 석경당이 야율덕광을 아버지로 모시는 연을 맺은 것이다. 그런데 석경당의 나이는 45세였고 야율덕광의 나이는 35세였다. 무려 열 살이나 많은 석경당이 열 살 어린 야율덕광의 아들이 된 것이다.

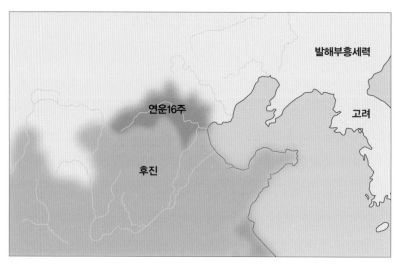

오대십국 후진과 거란 연운16주

마음이 급했던 석경당이 너무 과한 조건으로 거란의 지원을 받은 것이다. 937년 6월[12]에 연운16주 중에서 유주와 계주 등 지금의 북경 일대를 돌려줄 것을 요청한 것도 그런 연유다. 하지만 거란에서는 당연히 이를 거부한다.

후진 내에서는 거란의 과도한 간섭을 질타하며 전쟁을 불사하자는 주전파가 점차 힘을 얻고 있었다. 왕건은 후진과 외교관계를 맺고 있었기 때문에 이런 사정을 자세히 알고 있었다.

그러나 거란의 힘을 두려워했던 석경당은 왕건의 요구에 회답하지 않았다.

만부교 사건

발해가 멸망(926년)하기 전까지는 고려와 거란은 간헐적으로 사신을 교환했다.[13] 그러나 왕건은 발해가 멸망한 이후로는 더는 거란에 사신을 보내지 않았다.

한편, 거란은 고려가 북방을 개척하고 있고 발해 유민들을 대거 받아들이고 있다는 것을 알고 있었다. 거란 태종은 고려에 경고를 보낼 필요성을 느꼈다. 이에 937년과 939년에 고려에 사신을 보내 연운 16주를 차지한 것과 후진이 존호를 올린 사실, 즉 후진을 자신의 지배하에 두고 있다는 것을 알린다. 그 속뜻은 분명했다. 후진도 내 발아래 두고 있으니 까불지 말라!

그랬던 거란이 3년 후인 942년, 태세를 전환한다. 30명의 사신단을 왕건에게 보내 낙타 50필을 선물하며 환심을 사려고 한 것이다.

왜 갑자기 거란은 고려에 우호적인 손짓을 보냈을까? 이 시기 거란과 후진은 점차 분열의 조짐을 보이고 있었다. 942년 6월 석경당이 사망하고 석경당의 조카 석중귀(石重貴)가 제위를 잇는다. 석중귀는 거란에 대해서 독립을 선언했다. 그러자 거란 태종은 후진을 공격할 생각을 한다.[14] 후진을 정벌할 계획을 세운 거란 태종은 후방의 안정을 위해 고려와 우호 관계를 맺고자 했다.

왕건은 이 상황에서 관망하지 않고 참전을 택했다. 다음과 같이 말하며 거란에 대해서 선전포고와 다름없는 조치를 한다.

"거란이 일찍이 발해와 화목하게 지내오다가 갑자기 의심을 일으켜 맹약을 어기고 멸망시켜버렸으니, 이는 매우 무도한 나라로서 화친을 맺어 이웃으로 삼을 수 없다."[15]

왕건은 이렇게 선언한 후, 거란 사신 30명을 섬으로 유배 보냈으며 낙타는 만부교 아래에 매어두어 굶어 죽게 했다. 거란을 적대하겠다는 뜻을 만방에 선포한 것이다. 왕건의 의도는 명백했다. 거란과 전쟁을 통해서라도 옛 고구려 영토를 되찾겠다고 천명한 것이다.

뜬구름 같은 인생

왕건의 거란에 대한 적대 정책으로 고려와 거란 간에 전쟁의 기운이 무르익고 있었다. 과연 왕건은 이 상황에서 어떤 행동을 할 것인가?

우리는 왕건의 다음 행동을 짐작할 수는 있으나 확인할 길은 없다. 거란과 후진이 전쟁을 개시하려고 할 무렵, 왕건이 병에 걸리고 말았기 때문이다. 20여 일간 병상에서 일어나지 못하는 상황이 이어지자 왕건은 죽음에 이르렀음을 깨닫는다.

"생명이 태어나고 죽는 것은 자연의 이치이니 너무 슬퍼할 것 없다. 죽음은 집으로 돌아가는 것과 같으니 무슨 근심이 있겠는가."

왕건의 말에 신하들이 매우 슬피 통곡하며 말했다.

"성상께서는 백성의 부모이신데 오늘 저희를 떠나시려고 하니 그 슬픔을 이기지 못하겠나이다."

왕건이 웃으며 말했다.

"뜬구름 같은 인생은 예로부터 그러하노라."

왕건은 말을 마친 후 눈을 감았다. 고려를 세운 지 26년이 지났고 나이는 67세였다.

고려 후기 대학자 이제현은 왕건의 북진정책을 이렇게 평했다.

"우리 태조께서는 왕위에 오른 후에, 신라가 아직 귀순하지 않았고 후백제를 평정하기 전이었는데도, 자주 평양에 행차하여 친히 북방의 변경을 살피셨다. 그 의도는 고구려의 옛 영토를 집안의 보배로 여겨 반드시 되찾고자 한 것이다. 어찌 다만 계림(鷄林, 신라)을 취하고 압록강(鴨綠江)만을 차지하려고 했겠는가!"[16]

왕건의 훈요10조

왕건은 사망하기 전에, 후손들에게 유훈을 남겼다. 그것을 '훈요10조'라고 한다. '훈요10조'에는 연등회와 팔관회의 지속적인 개최를 강조하고, 거란에 대한 적개심과 북진의 의지를 선명하게 드러내는 내용이 주를 이룬다. 주요 내용은 다음과 같다.

첫 번째 - 국가의 대업이 부처의 은덕에 의지하고 있으니 불교에 관한 일을 잘 처리하라.

두 번째 - 절을 더 짓지 말라.

세 번째 - 왕위는 맏아들이 계승하되, 맏아들이 능력이 없으면 그다음 아들에게 주고, 그도 능력이 안 되면 형제 가운데 뭇사람들이 추대하는 왕자에게 계승시켜라.

네 번째 - 우리나라는 당나라의 문물(文物)과 예악(禮樂)을 도입하고 그 제도를 따랐으나, 지역과 인성이 다르므로 꼭 같게 할 필요는 없다. 거란은 짐승과 같은 나라로 풍속이 같지 않고 말도 다르니 의관 제도를 본받지 말라.

다섯 번째 - 서경을 중시하고, 후대의 왕들은 일 년에 100일 이상 체류하도록 하라.

여섯 번째 - 내가 지극히 바라는 것은 연등회와 팔관회의 지속적인 개최이다.

일곱 번째 - 어질고 공정한 정치를 해라.

여덟 번째 - 차현(車峴) 이남과 공주강(公州江) 바깥은 반역자가 나올 땅이니 그 지역 사람을 등용하지 말라.

아홉 번째 - 관료들에게는 공적에 따라 정해진 녹봉을 줄 것이며, 강하고 악한 나라(거란)와 이웃하고 있으니 군대를 잘 조련하라.

열 번째 - 역사서와 경서를 널리 읽어 옛일을 거울삼아 스스로를 경계해야 한다.

거란이 고려에 눈을 돌리다

왕건이 사망하고 몇 달 뒤(943년 11월), 후진의 2대 황제 석중귀는 고려에 사신을 보내서 같이 거란을 치자고 제안한다.[17] 고려가 동쪽에서 거란을 치게 하여 거란의 세력을 분산시키는 속셈이었다. 왕건이 후진에 거란 공격을 제안한 지 5년 만의 일이었다. 그러나 너무 늦은 화답이었다.

왕건의 뒤를 이어 즉위한 혜종(惠宗, 재위: 943~945)은 암살 위험에 시달리는 등 왕권을 확립하지 못한 터였다. 한마디로 후진을 도와 거란을 칠 형편이 아니었다. 후진 역시 거란을 먼저 공격할 의지는 없었다.

얼마 후 거란의 태종은 후진을 침공한다. 세 차례 정벌 끝에 946년 결국 후진을 멸망시키고 석중귀를 포로로 잡는다. 후진을 멸망시킨 거란 태종의 눈은 눈엣가시 같은 고려를 향했다. 만부교 사건에 대한 보복을 감행할 차례였다.

과연 947년 고려에 첩보가 날아들었다. 거란이 고려를 침공하려고 한다는 것이었다. 당시 고려와 거란 간의 외교관계는 단절되어 있었는데, 이 첩보는 고려의 유학생 최광윤이 개인적으로 보낸 것이었다.

최광윤은 고려 초 대 유학자인 최언위의 아들이었다. 당시 그는 후진으로 유학을 가 있었다. 그런데 거란이 후진을 멸망시킬 때 거란군에 포로로 잡히고 만다. 당시 거란은 글을 아는 한족, 발해인 등을 많이 등용했는데 최광윤 역시 재주가 뛰어나다는 이유로 관직에 임명되었다. 최광윤은 947년에 거란의 사신이 되어 구성(龜城, 지금의 평안북도 구성군)까지 오게 된다. 거란 태종이 고려를 침공하기 전에 여진족들을 회유하려는 목적으로 사신을 보낸 것이었다.

최광윤은 위험을 무릅쓰고 편지를 써서, 고려에 우호적인 여진족에게 부탁해서 첩보를 고려 조정에 보낸 것이다.[18]

이때 고려는 혜종이 사망하고 정종(定宗, 재위: 945~949)이 왕위에 있었다. 정종은 광군사(光軍司)를 설치하여 전국에서 군사 30만 명을 선발했다. 그리고 이를 광군(光軍)이라 불렀다. 국가적인 비상시국에서 전국적인 동원령이 내려진 것이다.

고려는 거란과의 일전을 준비하고 있었으나 거란은 고려를 침공하지 못한다. 거란 태종이 후진을 멸망시키고 돌아오는 와중에 갑자기 사망했기 때문이다(947년).

정종과 광종의 북방개척[19]

고려의 3대 왕인 정종은 왕건의 둘째 아들이었다. 정종은 아버지의 유훈을 받들어 지속적으로 북방을 개척했고 결국 청천강을 넘어 박주(평안북도 박천군) 등에 성을 쌓는다(947년). 거란의 위협에도 북진정책은 계속 유지되었다.

그리고 마침내 서경으로 도읍을 옮기기로 결정하고 서경에 궁궐을 짓게 했다. 이때 많은 개경의 민호들을 서경으로 이주하게 해서, 이주를 싫어하는 사람들의 원망과 비방이 끊이지 않았다고 한다. 많은 사람의 반대에도 정종은 일을 추진했다. 그런데 정종의 재위 기간은 불과 4년에 불과했다. 그는 서경의 궁궐이 완성되기 전에 사망하고 말았다.[20]

광종(光宗, 재위: 949~975)은 태조 왕건의 네 번째 아들로 정종의 뒤를 이어 고려의 제4대 왕이 된다.

광종은 국가체계를 정비하기 위하여 과거제도를 도입하고 관복을 제정하고 노비안검법을 실시한다. 서경으로 도읍을 옮기는 정책은 포기하지만, 아버지 태조 왕건의 뜻에 따라 북방을 개척하고 지속적으로 성을 쌓아나갔다.

광종이 실시한 노비안검법은 노비들을 해방시키는 법이었다. 호족들에게 예속된 노비들을 해방하여 호족 세력을 억제하기 위한 정책으로만 알려져 있으나, 북방개척과도 연계시켜 해석할 여지가 있다.

당시 북쪽 지역으로 영토를 넓히는 일은, 원래 살고 있던 여진족들을 쫓아내고 성을 새로 쌓고 주거지를 만드는 사업이었다. 따라서 많은 민호들을 남쪽에서 이주시켜야 했다. 태조 왕건 때부터 이 사업을 실시했으니 이주시킬 만한 민호의 숫자가 한계상황에 이르렀을 터였다. 이런 상황 속에서 노비들을 해방시켜 일반 민호로 만들고자 한 것일 수 있다.

태조 왕건 시기에는 '대동강과 청천강 사이'에 성을 쌓아서 영토를 확보했고, 광종 시기에는 '청천강과 대령강 사이'에 성을 쌓았다.

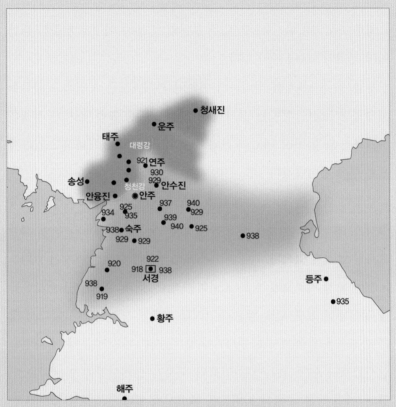

청새진

운주

태주
대령강

921 연주
930
929
송성   안수진
            정천강
안융진   안주
934   925   937   940
      935   929
938   939
숙주   940   925
929   929
                    938
920   922
918 ◉ 938
서경   등주
938   935
919

황주

해주

정종과 광종, 경종은 청천강과 대령강 주위에 성을 쌓았다.

거란의 이원적 통치체제와 거란 황제들의 비극

고려가 내·외부적으로 점차 발전하고 있는 사이, 국제 정세도 크게 변화하고 있었다.

거란의 2대 황제, 태종 야율덕광은 만리장성을 넘어 연운16주를 점령한 후, 이곳에 거주하는 한족들을 거란의 정치체제가 아니라 한족의 정치체제로 다스린다. 소위 말하는 '이원적 통치체제'다. 이 통치체제가 안정적으로 정착함으로써 거란은 군사력뿐만이 아니라 경제력 역시 막강해진다. 그리고 만리장성을 넘어 영토를 확보한 이상, 남쪽 정벌에 거칠 것이 없었다. 황하까지는 산맥이나 강 같은 자연적인 장애물이 없었다.

그러나 태종이 사망하며 거란의 정복 활동은 끝나게 된다. 태종 이후 세종(世宗, 재위: 947~951), 목종(穆宗, 재위: 951~969)이 즉위하는데 모두 암살당하고 만다. 이렇게 거란의 정치가 어지러워졌기 때문에 더는 정복 활동을 할 수 없었던 것이다.

후주(後周)의 2대 황제 시영(柴榮)의 북벌

거란의 정치가 어지러운 시절, 개봉을 수도로 하는 후주(後周: 951~ 960)가 세워지고, 드디어 혼란했던 5대10국을 종식할 역량을 가진 영

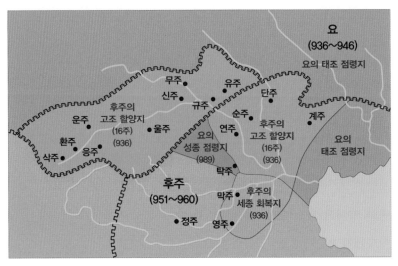

후주의 지도와 북벌

웅이 등장한다. 후주의 2대 황제 시영(柴榮)이었다.

　시영은 정치를 개혁하고 먼저 남쪽을 정복하며 통일의 기초를 다졌다. 그리고 세력이 커지자 드디어 북벌에 나선다(959년). 거란으로부터 연운16주를 탈환하여 거란 세력을 만리장성 밖으로 몰아내려고 한 것이었다. 그 당시의 거란은 사람 죽이는 것을 즐겼던 목종의 시대였다.

　시영은 거란군을 몰아붙이며 유주(幽州)로 진격 명령을 내렸다. 유주는 현재의 북경 인근으로 유주를 점령하면 거란을 만리장성 이북으로 몰아낼 수 있었다. 석경당이 연운16주를 거란에게 바친 후, 20여 년간 계속되었던 거란의 위협이 제거되는 순간이었다. 후주군은 승승장구했으나 바로 이때 거란에 천만다행한 일이 생긴다. 시영이 행군 중에 갑자기 병에 걸리고 만 것이다. 후주군은 결국 회군할 수밖에 없었다.

시영은 얼마 후 사망하고 그의 아들 시종훈(柴宗訓)이 후주의 다음 황제로 즉위한다. 그런데 시종훈의 나이는 겨우 일곱 살에 불과했다.

송나라의 건국(960년)

장군 조광윤(趙匡胤)은 시영이 가장 신뢰하는 장수였다. 황제와 신하의 관계 이전에 전장에서 생사를 함께 넘나든 전우 사이였다. 그런데 일곱 살의 시종훈이 즉위하자, 조광윤은 그다음 해인 960년에 반란을 일으켜 송나라를 세우게 된다.

조광윤이 쿠데타를 일으키는 과정은 조선을 세운 이성계와 흡사하다. 이성계가 요동을 정벌하러 가던 길에 회군한 것처럼, 조광윤은 거란의 침공을 방어한다는 명목으로 군대를 이끌고 북쪽으로 가다가, 돌연 회군하여 개봉을 점거하고 시종훈으로부터 황제의 자리를 선양받은 것이다.

5대10국이라는 혼란한 시대, 황위를 빼앗으면 그전 황족들을 몰살시키는 일이 다반사였다. 분쟁의 씨앗을 모두 제거하는 것이 안전했기 때문이다.

조광윤은 비록 시종훈으로부터 황제의 자리를 빼앗았으나, 시종훈을 비롯해 시씨들을 황족에 준하여 우대했다. 그리고 공식 명령을 내려 그 우대가 영원히 계속되게 했다. 조광윤의 명령대로 시씨에 대한 우대는 송나라가 멸망할 때까지 계속되었다. 조광윤은 자신의 주군인 시영에 대한 의리를 잊지 않았던 것이다.

조광윤은 거란과의 관계를 현 상태로 묶어두고 남쪽을 정벌했다. 그리하여 중국 전역에 대한 통일을 차근차근 완수해나간다. 그런데 통일을 거의 끝낼 무렵, 50세의 나이에 갑자기 사망하고 만다(976년).

급작스럽게 사망한 조광윤 역시 황위를 아들에게 물려주지 못했다. 따라서 조광윤의 동생 조광의(趙匡義)가 황위를 가로채게 된다.[21] 그가 바로 송나라 2대 황제 태종이다.

애산 전투(1279년)

시씨들은 송나라가 존속하는 300여 년간 우대받는다. 300년 후, 몽골군이 송나라를 정벌하자, 송나라 황실은 남쪽으로 몽진하여 지금의 마카오 근처 애산(崖山)이라는 섬으로 들어간다(1278년). 이때 전국 각지에서 20만 의병들이 황실을 보호하고자 애산으로 모여들었다. 그때 시씨들도 있었다. 시씨들은 300년간의 의리를 지켜 애산전투에 참전해 송나라의 마지막 황제 조병(趙昺)과 운명을 함께했다.

송나라가 북벌에 나서다

송나라 태종은 주변 정벌을 마치자 드디어 10만 대군을 이끌고 북벌에 나섰다(979년). 연운16주를 회복하여 거란을 만리장성 북쪽으로 밀어내려는 참이었다.

50년 이상 계속된 난세를 수습한 송나라 군대의 기세는 대단했다. 더구나 송나라 황제 태종의 친정(親征)이었다. 실력과 의지 모두 충만한 터였다.

송나라 군대는 북진하여 거란군을 백마령(白馬嶺: 산서성 우현 북쪽)에서 크게 패배시켰다. 여기서 거란의 고위 지휘관도 여럿이 목숨을 잃었다.

거란군은 이 전투에서 완전히 붕괴할 뻔했는데, 후방에 있던 남원대왕 야율사진(耶律斜軫)이 휘하 병력을 이끌고 1만 발의 화살을 동시에 발사하게 하여 송나라군의 추격을 늦추었다. 1만 발의 화살을 동시에 날리려면 군대의 훈련도가 최상급이어야 한다. 그만큼 야율사진은 자신의 군대를 철저히 훈련시켜두었고, 덕분에 거란군은 전력을 보존하여 퇴각할 수 있었다.

그 뒤 거란군은 사하(沙河)에서 다시 송나라 군대에 패배했다. 송나라군은 연이어 승전하며 북상하여 결국 거란의 남경(南京: 현재의 중국 북경)을 포위했다. 거란에 큰 위기가 찾아온 것이다.

태조 야율아보기가 동쪽으로 발해를 멸망시켜(926년) 제국의 기틀을 만들었다면, 태종 야율덕광은 만리장성을 넘어 연운16주를 확보하여(936년) 드디어 제국을 만든 것이다.

연운16주는 거란에 많은 인적·물적 자원을 제공해주었다. 인적 자원은 말할 것도 없거니와 물적 자원만 따진다고 해도 다른 모든 영토를 합한 것보다도 많았다.

연운16주를 잃는다면 40여 년을 이어 온 거란 제국은 사실상 해체될 위기에 처하게 될 것이었다.

이때 거란의 남경을 책임지고 있던 사람은 한족 관리인 한덕양(韓德讓)이었다. 송나라 군대의 파상공세에 성안의 사람들이 크게 두려워하자, 한덕양은 스스로 성벽 위에 올라가 방어전을 지휘했다. 그러나 점점 버티지 못할 지경에 이르고 있었다.

다행히 보름쯤 후, 거란군 본대는 포위된 남경을 구원하기 위하여 움직였다. 거란의 입장에서는 남경을 절대 내어줄 수 없었다. 거란군이 남경 쪽으로 오자, 송나라군은 드디어 남경의 포위를 풀었다. 두 나라 군대는 이제 고량하에서 마주 선다.

초전을 승리로 장식한 데다가 황제가 직접 지휘했던 만큼 송나라 군대의 사기는 하늘을 찔렀다. 거란군은 다시금 송나라군에 패하여 뒤로 밀리고 있었다.

거란의 여걸, 승천황태후

송나라 태종이 북벌에 나설 때, 거란에서는 목종이 시해당하고 경종(景宗, 재위: 969~982)이 즉위해 있었다.

거란은 태종 야율덕광 이후에 정치가 어지러워져 사방에서 적들의 공격을 받으며 영역이 점점 줄어들고 있었다. 남쪽에서는 송나라(후주), 동쪽에서는 발해부흥세력과 여진족, 서쪽에서는 조복(몽골) 등이 거란을 잠식해가는 중이었다.

이 어려운 시기에 경종 야율현(耶律賢)이 즉위하게 되는데, 이때부터 거란의 진정한 중흥기가 시작된다. 그런데 중흥기는 경종의 즉위가 아니라, 다른 한 사람의 등장으로 그 막을 열었다.

바로 경종의 비(妃)였던 예지황후 소작(蘇綽, 953~1009)이다. 일반적으로 예지황후 소작은 승천황태후(承天皇太后)로 널리 알려져 있다. 경종은 몸이 병약했다고 하며, 따라서 승천황태후가 경종을 대신해 거란을 통치하여 970년대부터 1009년까지 사실상 거란을 지배한다.

승천황태후는 어릴 때부터 지혜가 많았다고 한다. 승천황태후의 아버지가 여러 딸에게 청소를 시키고 그 모습을 지켜보았는데 딸들 중에 유일하게 태후만이 깨끗하게 했다. 승천황태후의 아버지가 기뻐하며 말했다.

"이 딸아이가 필히 우리 집안을 성대하게 만들 것이다!"

예지황후 소작(953~1009년).
승천황태후 혹은
소태후라고도 불리며
뛰어난 리더십으로
거란의 최전성기를 열었다.

승천황태후는 뛰어난 젊은 인재들인 한덕양, 야율휴가, 야율사진, 소배압, 소손녕 등을 발탁했다. 이제 이들이 능력을 발휘할 순간이 다가오고 있었다.

고량하 전투(979년)

이십 대의 젊은 장수 소배압은 야율휴가의 휘하로 전장에 있었는데 그 부대는 본대의 뒤쪽에 위치하고 있었다. 송나라 군대의 기세는 대단했다. 거란군 본대는 점점 뒤로 밀리고 있었다. 소배압은 주먹을 꽉 쥐었다. 벌써 거란군은 송나라 군대에 두 번이나 패했다. 여기서 패하면 이제 끝장이었다.

"지금이다! 진격한다!"

그런데 갑자기 야율휴가가 휘하 부대에 진격명령을 내렸다. 소배압은 깜짝 놀랐다. 아직 본대로부터 명령이 없었다. 군의 명령체계를 무시하는 것은 참수형에 해당되는 죄목이었다. 소배압은 야율휴가가 달려 나가자 크게 당황했으나 그 뒤를 따랐다. 소배압이 달리면서 보니 야율휴가의 부대 우측에 있던 야율사진의 부대도 송나라군을 향해 돌격하고 있었다. 야율휴가와 야율사진이 각각 좌익과 우익이 되어 송나라 군대의 양 옆구리를 치는 형국이었다.

야율휴가는 어릴 적부터 재상이 될 만한 재주를 지닌 인물이라는 평가를 받아왔다. 지략이 대단히 많았고 적과 싸울 때는 용맹했다. 반면 야율사진은 자유로운 성격의 소유자였다. 경종이 즉위하자 사람들이 야율사진을 관직에 추천했다. 경종이 말했다.

"짐도 야율사진의 재주를 알고 있노라. 다만 너무 자유스럽다. 관직에 붙잡아둘 수 있겠느냐?"

야율사진은 황제가 알 정도로 자유분방한 사람이었다.

본대가 뒤로 밀리자, 야율휴가와 야율사진은 명령체계를 무시하고 휘하 부대에 진격명령을 내렸다. 야율휴가와 야율사진은 각각 좌익과 우익을 맡아, 승세를 타고 있는 송나라군의 양옆을 나누어 치고 치열하게 싸웠다.

야율휴가는 선두에 서서 적의 화살에 맞고 창에 찔리어 세 군데나 상처를 입었지만 계속 앞으로 나아갔다. 지휘관이 피를 뒤집어쓰고 나아가자 소배압을 비롯한 부하들 역시 목숨을 돌보지 않고 따랐다.

그리고 이 둘의 부대는 결국 송나라 진영을 붕괴시켰다. 송나라 군대가 붕괴되자, 승세를 탄 거란군은 송나라 태종이 이끄는 10만 군대를 고량하에서 거의 전멸시켰다.

송나라 태종은 단신으로 나귀가 이끄는 수레를 얻어 타고 겨우 도망쳤다. 이 고량하 전투 후, 야율휴가와 야율사진은 거란군을 총괄하게 된다.

승천황태후는, 야율휴가에게는 송나라 변경에 관한 일을 처리하도록 했고, 야율사진에게는 동쪽 정벌을 맡겨서 발해의 잔존 세력과 적대적인 여진족들을 토벌하게 했다.

야율휴가와 야율사진이 등장하기 전에는, 송나라가 거란을 압박하는 추세였으나, 이 둘의 등장으로 이제는 거란이 송나라를 압박하는 형태로 바뀌게 된다.

특히 야율휴가는 최고 공신에게 주는 '우월(于越)'이라는 칭호를 받게 된다. 송나라에서 가장 두려워하는 거란의 장수였기 때문에 송나라 가정집에서는 아이들이 울면 이렇게 말했다고 한다.

"자꾸 울면 우월이 온다!"

이 시기 고려와 거란, 송나라의 관계

송나라가 건국되자 당시 고려의 왕이었던 광종은 사신을 보내 외교 관계를 맺는다(962년). 고려와 송나라는 꾸준히 왕래하며 점차 교류를 늘려나갔다.

972년(광종23년)에는 서희(徐熙)가 송나라에 사신으로 파견된다. 우리가 익히 아는 그 서희다. 서희는 19살에 과거에 급제한 수재였으며, 31살의 비교적 젊은 나이에 송나라에 사신으로 파견될 정도로 능력을 인정받고 있었다. 송나라 태조 조광윤은 서희를 검교병부상서라는 고위직에 임명한다. 비록 명예직이지만 이런 임명 행위는 외교 관계에 있어서 등급을 결정하는 일이었다. 서희뿐만이 아니라 고려를 대단히 우대한 것이다. 979년, 송나라 태종이 북벌에 나설 때 그 사실을 고려에 통보했었다.

고려와 거란 사이에는 만부교 사건 이후 공식적인 외교관계는 전혀 없었다. 거란 태종이 사망(947년)한 후에 거란의 내부 사정은 혼란스러웠고 거란의 영토와 영향력은 점차 줄어들고 있었다. 그런데 승천황태후가 등장하며 고량하 전투에서 송나라에 완승하자 이제 다시 세력 확장에 나섰다.

승천황태후는 야율사진과 소손녕에게 명하여 동쪽을 정벌하게 했다.

그리하여 이때까지 존속하던 정안국 등 발해부흥세력을 멸망시키고 거란에 적대적이었던 여진족들을 복속시켰다(985~986). 이때 야율사진과 소손녕이 잡은 포로는 10여만 명에 달했으며 20여만 필의 말을 노획했다고 한다.

이 시기에 거란군은 도망치는 여진족을 쫓아서 압록강을 넘기도 한다. 그때 고려군과 조우하게 되는데 이렇게 말하고 돌아갔다고 한다.

"여진족들이 매년 우리의 변경을 도적질하여 그것의 보복을 했다. 우리는 이제 군대를 정돈해서 회군한다."[22]

고려인 강전, 거란의 심장부를 타격하다

고려와 송나라의 외교관계가 점차 긴밀해지며, 976년(경종 원년)부터 고려의 유학생들이 송나라의 국자감에 입학하기 시작한다. 그중에 강전(康戩, ?~1006년)[23]이라는 사람이 있었다.

강전은 송나라에서 관직을 지내다가 사망했다. 따라서 『고려사』에

강전의 이동로

는 그 기록이 보이지 않으나 송나라 역사서인 『송사(宋史)』에는 자세한 행적이 기록되어 있다.

『송사』에 의하면, 강전은 송나라로 유학 가기 전에 발해부흥세력을 돕기 위해 거란으로 가서 전투에 임했다고 한다. 당시 발해부흥세력이 상당한 세력을 형성하고 있었고 거란군과 간헐적인 전투가 있었다.

『송사』의 기록을 놓고 보면, 고려는 발해의 잔존세력을 돕기 위해 원군을 파견한 것이 된다.

강전은 일단의 고려군과 함께 천오백 리 이상을 행군하여 거란의 심장부인 목엽산(木葉山) 근처에서 거란군과 전투를 벌인다. 목엽산은 거란족이 탄생했다고 알려진 곳으로 거란의 성지였다. 그 천오백 리 길은 거란의 영토를 종으로 가로지르는 대장정이었다. 그리하여 거란군과 전투를 벌인 다음, 역시 거란 영토를 동쪽으로 가로질러 부여부에 갔다가, 다시 남쪽으로 천 리가 넘는 길을 이동하여 고려로 돌아오게 된다.

고려 성종의 즉위

고려 성종(成宗, 재위: 981~997)의 이름은 왕치(王治). 태조 왕건의 손자로 고려의 여섯 번째 왕이 된다.

고려 성종은 경종(景宗)에 이어 왕위에 즉위한다. 성종과 경종은 모

고려 성종(960~997). 고려의 정치체제를 선진화시켰으며 소손녕의 침공을 막아내고 서희와 더불어 고려의 방어 전략을 만들었다.

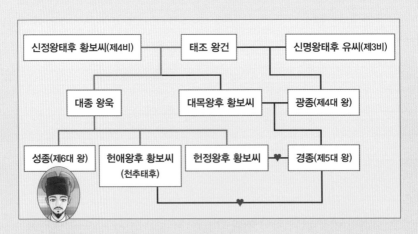

경종과 천추태후, 헌정왕후, 성종의 간략한 가계도

두 태조 왕건의 손자로, 부계로 따져서 4촌간이었다. 모계로 따져도 4촌이기는 한데, 그러면서 처남과 매제의 관계이기도 하다. 족내혼을 실시한 고려 초기 족보는 이처럼 매우 복잡하다.

성종은 경종의 아들도 아니고 친형제도 아니었기 때문에 왕위계승에 있어서 1순위는 아니었다. 그런데 어떤 이유로 경종의 뒤를 이어 왕이 된다.

아마, 경종의 아들인 왕송(王誦, 후에 목종, 당시 두 살)의 외삼촌이라는 것이 작용했을 수도 있다. 그러니까 후에 천추태후로 불리게 되는 경종의 비(妃), 황보씨(皇甫氏)는 성종의 여동생이었다.

태조 왕건의 기발한 족내혼 제도

왕건은 족내혼 제도를 실시했다. 그리하여 자신이 낳은 공주들을 대개 자신이 낳은 왕자들과 결혼을 시켰다. 그러니까 이복 남매끼리 결혼시킨 것이다. 그러다 보니 왕(王)씨들끼리 결혼을 하게 된다.

그런데 왕건은 어떤 이유에서인지 같은 성씨끼리 혼인하는 것을 피하고 싶었다. 여기서 기발한 방법을 생각해내는데, 아들은 왕씨 성을 따르지만, 딸은 어머니 혹은 모계의 성을 따르게 한 것이었다.

그래서 고려 성종의 성은 왕(王)씨이지만 여동생들의 성은 모계를 따라 황보(皇甫)씨인 것이다.

한국의 선비 1호, 유교 문화의 기틀을 만들다

태조 왕건은 '훈요10조'라는 유훈을 내려서 후대 왕들이 이것을 지켜 나갈 것을 강하게 당부했다. 그중 6번 조항은 다음과 같다.

"여섯째, 내가 지극히 바라는 것은 연등회와 팔관회의 지속적인 개최이다."

불교가 국교와 다름없던 고려에서 연등회는 국가적 의식이었다. 팔관회는 토속신에 대한 제례를 통해서 호국정신을 다지는 오랜 전통을 지닌 행사였다. 특히 팔관회 때는 각국의 사신이나 상인들이 왕에게 축하의 선물을 바치곤 했다. 그만큼 국제적인 행사였다.

성종은 왕위에 즉위하자마자 이런 팔관회의 폐지를 명했다.

"팔관회에서 공연되는 잡기(연극 등)들은 불경스러운 데다가 번거롭고 요란스럽다. 남김없이 폐지하도록 하라!"[24]

성종은 팔관회뿐만이 아니라 연등회도 폐지하고 그 밖의 토속적인 행사들 역시 모조리 없앤다.

광종 때 과거제를 실시(958년)하면서 고려에서도 유학이 꽃을 피우기 시작했다. 이런 시대의 기류에 따라서 성종도 어릴 적부터 유학을 가까이 접했다. 그런데 성종은 단순히 학문으로서 유학을 배우는 것을 넘어서 그 사상을 강하게 체화했다. 스스로의 삶을 유학의 질서에 맞추려고 했던 것이다. 어쩌면 한국의 선비 1호라고도 할 수도 있겠다. 그리고 왕이 되자 고려를 이상적인 나라로 만들려고 했다. 그 방향은 유학에서 이상향으로 평가받는 주(周)나라와 같은 나라가 되는 것이었다.

따라서 주례(周禮)와 예기(禮記) 등을 기준으로 각종 유교적 의식을 처음으로 실시하기 시작한다. 원구단(圓丘壇)은 천자가 하늘에 제사를 지내는 시설인데 성종 때 처음으로 설치된다. 사직단(社稷壇)은 땅과 곡식의 신에게 제사를 올리는 시설이다. 이 사직단은 삼국시대에도 있었으나 고려 때는 성종이 처음으로 설치했다. 나아가 종묘(宗廟)의 제도도 법도에 맞춰 완성한다. 지금도 실시하고 있는 유교적 행사 대부분이 이때부터 시작된 것이다.

성종은 또한 행정구역도 주나라를 본떠 정했다.

"주나라의 12목(牧) 제도를 본받아 우리도 12목을 정하니, 주나라

사직단(출처: 국립중앙박물관 e뮤지엄)

종묘(출처:문화재청)

가 8백 년간 지속했듯이 우리의 국운도 길이 이어질 것이다."

또한 중앙 관제에 당나라의 3성6부 제도를 도입한다. 그리고 2만 권의 책을 편찬하여 학교와 도서관을 만들며 이렇게 일갈했다.

"아득한 옛 풍속을 벗어나지 못하고 있는 우리나라 사람들로 하여금 공자와 맹자의 유풍을 알게 할 것이다. 그리하여 아비는 자애롭고 자식은 효도하는 윤리를 깨닫게 하며, 형과 아우는 우애로운 미풍을 익히게 할 것이다!"

태조 왕건은 훈요10조를 통해서 중국과 우리는 풍습이 다르니 굳이 고쳐서 같게 할 필요는 없다고 했다. 그런데 성종은 위부터 아래까지 완전한 주나라를 만들고자 했다. 따라서 국풍의 정수라고 할 수 있는 팔관회를 없애버린 것이다.

팔관회를 중시하라는 태조 왕건의 유훈이 강하게 남아 있을 시점이었기 때문에, 신하들의 반대가 대단했을 테지만 성종은 폐지를 관철한다. 그에게는 태조 할아버지의 유훈도 중요했지만, 그보다 유학을 따르는 것이 훨씬 중요했다.

981년에 왕위에 오른 후, 성종은 열정적으로 주나라를 향해 나아간다. 국경에서 다소간 분쟁이 있었으나, 비교적 안정된 안보 상황 속에서 내치에 전념할 수 있었다.

모자의 나라를 만든 성종

성종 이후 1백여 년이 흐른 1123년, 송나라 사신단이 고려에 온다. 그 사신단 중에 서긍(徐兢)이라는 사람이 있었다. 그는 『고려도경』이라는 견문록을 지었다. 이 『고려도경』 제19권을 보면 고려인들은 모두 모자를 쓰고 다닌다고 나온다.

"고려인들은 상투를 드러내고 다니면 죄수와 다름없다고 생각하여 부끄러워한다. 그런데 비단으로 만든 두건은 매우 비싸므로 가난한 백성들은 다양한 모양의 죽관을 쓰고 다닌다."[25]

그런데 고려인들에게 모자는 단지 부끄럽기 때문이 아니라 법적으로 꼭 쓰고 다녀야 하는 필수품이었다. 성종이 다음과 같은 명령을 내렸기 때문이다(982년).

"지금부터 10세 이상의 남자는 모두 모자를 쓰고 다니도록 하라!"[26]

전각복두 – 문관   무각복두 – 지방직 무관   절각복두 – 중앙직 무관

연각복두 – 관리   죽관 – 폭넓게 쓰임   결식복두 – 군인

피몽수(가죽두건) – 신기군   금화모 – 시위군   연화모 – 의장대

평건책, 말액 – 의장대   문라건 – 폭넓게 쓰임

고려의 모자

복두(幞頭)는 원래 모자를 칭하는 용어였는데 고려시기에는 주로 관모를 복두라고 불렀다.

전각복두(展脚幞頭)는 문관을 비롯해 왕이 착용했다.

절각복두(折脚幞頭)는 중앙직 무관이 착용했다.

무각복두(無角幞頭)는 지방직 무관이 착용했다.

연각복두(軟角幞頭)는 왕을 비롯한 관리들이 평시에 착용했을 것으로 추정된다.

결식복두(結式幞頭)는 복두의 초기형이다.

문라건(文羅巾)은 평시에 착용했는데 신분에 따라 약간의 장식을 달리했다.

피몽수(皮蒙首, 가죽두건)는 신기군(神旗軍)이 썼다. 여기에 신기군(神旗軍)은 깃발을 다루는 부대로, 일반적으로 알려진 기병부대인 신기군(神騎軍)과는 다른 부대이다. 신기군(神旗軍)의 가죽두건은 동물의 얼굴 모양이었다고 한다. 이 복원도에서는 매를 본떴다.

연화모(蓮花帽)는 연꽃 모양의 모자로 왕의 의장대가 썼다.

평건책(平巾幘), 말액(抹額, 머리띠) 역시 왕의 의장대가 썼다.

죽관(竹冠)은 대나무로 만든 것으로 가난한 백성들이 많이 썼다고 한다.

금화모(金畫帽)는 왕의 시위군인 용호군(龍虎軍)이 썼다. 용호군은 견룡군(牽龍軍)이라고도 불렸다.

성종 2년(983년) 3월, 송나라 예기박사 공유(孔維)가 고려에 사신으로 왔다. 당시 송나라 관복색은 3품 이상은 자색(자주색), 5품 이상은 주색(붉은색), 7품 이상은 녹색, 9품 이상은 청색이었다.

예기박사인 공유는 평소 붉은색 관복을 입고 다녔다. 그런데 고려로 오면서는 3품 이상이 입는 자색 관복을 입고 왔다. 당시 송나라에서는 고려로 가는 사신들의 위엄을 높이기 위하여, 임시적으로 3품 이상이 입는 자색 관복을 허락한 것이다.

고려 성종이 공유에게 물었다.

"예(禮)는 무엇입니까?"

공유가 군신(君臣)과 부자(父子)의 도리, 예법(禮法)에 대하여 말하자, 성종이 매우 기뻐하며 공유를 칭찬했다.

"오늘 다시 중국의 공자(夫子)를 보았도다!"

그로부터 1년 후(984년), 이번에는 고려 사신이 송나라로 갔다. 공유를 알아본 고려 사신이 의아해하면서 물었다.

"공은 무슨 죄를 지어서 관직이 낮아졌습니까?"

공유의 관복색이 자색보다 한 등급이 낮은 붉은색이었기 때문이었다. 공유는 얼굴만 붉히며 대답을 못했다.

공유는 송나라 황제 태종에게 가서 울면서 하소연했다.

"고려 사신이 신이 무슨 죄를 지어 복색이 낮아졌느냐고 묻는데, 신이 부끄러워 대답을 못 하였나이다."

송나라 태종이 가련히 여겨 바로 자색 옷과 금어대(金魚袋)를 내려주었다.

송나라 태종의 2차 북벌과 원군 요청

이때 거란에서는 경종에 이어 그의 아들인 야율융서가 12살의 나이로 제위에 올라 있었다(982년). 물론 실권은 여전히 승천황태후에게 있었다. 이런 상황에서 송나라 태종은 거란을 공격할 기회라는 상소문을 받게 된다.

"거란주는 나이가 어리고 나랏일은 그 어머니가 결정하고 있습니다. 또한 한덕양이 총애를 받아 마음대로 하고 있어서 사람들이 매우 괴롭게 여긴다고 합니다. 따라서 이 기회에 북벌해야 합니다."[28]

송나라 태종은 고량하 전투(979년)에서 죽을 위기를 겪었으나, 이 상소문을 접하고 다시 북벌할 생각을 하게 되었다. 그리하여 986년, 2차 북벌을 실시한다. 그러나 이번에는 직접 전장으로 가지 않았다.

979년 1차 북벌 때, 송나라에서는 사신을 고려에 보내 북벌한다는 것을 통지만 했었다. 굳이 고려의 원조를 요청하지는 않았던 것이다. 그만큼 자신감이 충만했다.[29]

그러나 이번에는 달랐다. 송나라 태종이 감찰어사(監察御史) 한국화(韓國華)를 고려로 보내 원군을 요청한 것이다.[30]

"고려는 국토가 거란과 접해 있어 그 악독한 해악을 늘 입어왔다. 그 쌓인 원한을 시원히 풀 수 있는 때는 바로 지금이다! 군사들을 이끌고 우리와 호응해 적을 소탕할 것이며, 일거에 처부수는 것이 옳으리라."

송나라의 원군 요청을 접한 성종은 차일피일 미루며 시일을 끌었다. 당시 거란의 직접적인 지배력은 압록강까지 미치지 못하고 있었다. 거란이 직접적인 위협이 되지 않는 마당에 굳이 고려가 거란을 먼저 공격할 필요가 없다고 판단한 것이다. 더욱이 고려군이 거란을 공격한다는 것은 최소한 거란의 동경(요동성)을 목표로 하는 것을 의미했다. 그렇다면 압록강으로부터 500여 리를 북쪽으로 행군해서 공격해야 하는데 이것은 너무나 모험적인 일이었다.

송나라 사신 한국화는 차일피일 시간을 끄는 성종을 강하게 설득했다. 성종은 마지못해 군대를 소집하라는 명령을 내린다. 그런데 이후 기록이 없기 때문에 고려군의 자세한 움직임은 알 수 없다. 정황으로 추정해보면, 성종은 군대를 소집한 후에 형세를 관망한 것으로 보인다.

이때 거란 역시 고려의 움직임을 주시하고 있었다. 송나라와의 전쟁 중에 고려를 묶어둘 필요가 있었기 때문이다. 이듬해인 986년 정월, 거란은 사신을 고려로 보내 화친을 청했다.[31]

송나라의 2차 북벌은 어떻게 되었을까?

송나라 군대가 쳐들어오자 승천황태후는 거란의 명장인 야율휴가, 야율사진, 소배압, 소손녕 등을 모두 출동시켜 송나라 군대를 박살냈다.[32] 송나라 태종은 이후 북벌을 포기한다.

이때 송나라 태종은 정안국 등 남은 발해부흥세력에도 원군을 요청했었다. 그런데 이 세력들은 이미 미약해진 터라 원군을 보낼 형편이 아니었다.[33]

거란, 폭발적으로 팽창하다

송나라를 물리친 거란은 승천황태후의 쟁쟁한 지도력 아래 폭발적으로 팽창한다. 남쪽으로는 야율휴가가 송나라를 압박하고, 동쪽으로는 야율사진과 소손녕이 발해부흥세력의 숨통을 완전히 끊어놓는다. 여진족 역시 그 와중에 서서히 복속된다.

991년, 소손녕은 압록강에 있는 섬인 검동도에 있는 내원성을 점거하는데, 내원성은 고구려 때부터 있던 성곽이었다. 거란이 내원성을 점거한 이유는 고려와 여진족을 견제하기 위해서였다. 고려가 더는 북방개척을 하지 못하도록 막고, 여진족이 압록강을 통해 송나라와 통교하는 것을 막은 것이다.

서쪽으로는 소달름 등이 조복(몽골) 등을 평정한다. 이제 곧 고려와 만날 시간이었다.

승천황태후의 사랑

승천황태후는 민족을 가리지 않고 능력 있는 젊은 관리들을 많이 등용했다. 그중에 한덕양이라는 한족 관리가 있었다. 한덕양은 중후했으며 지략이 있었다고 한다. 승천황태후의 남편인 경종이 사망한 후, 승천황태후와 한덕양은 공식적인 연인 사이가 된다. 나이는 한덕양이 승천황태후보다 12살 더 많았다고 한다. 승천황태후의 연인이었던 한덕양은 살아서는 대승상이라는 가장 높은 관직에 오르고, 죽어서는 황제에 준하는 예우를 받았다. 그리고 죽어서는 연인인 승천황태후 근처에 묻히게 된다. 승천황태후는 1009년, 한덕양은 1011년에 사망한다.

제2장

1차 고려거란전쟁

불어오는 바람

993년 5월 여름, 푸르른 실록이 송악산을 가득 채우고 있었다. 그 송악산 남쪽 기슭에 붉은 기둥과 울긋불긋한 단청으로 화려하게 장식된 수십 채의 건물들이 날아갈 듯이 연이어 있다. 후에 만월대라고 불리게 되는 고려의 궁궐이었다.

그 궁궐 안, 황색 곤포를 입은 성종이 어좌에 앉아있었다. 그런데 관리 하나가 다급하게 궁궐로 들어와서 보고했다.

"서북면(西北面)의 여진족이 말하기를, '거란이 군사를 이끌고 와서 우리나라를 침공할 것을 모의한다'고 합니다!"

이 급보에 성종은 곧 대신들을 소집했다. 내사시랑(內史侍郞) 서희(徐熙), 시중(侍中) 박양유(朴良柔), 문하시랑(門下侍郞) 최량(崔亮) 등이었다.

그런데 의논 끝에 여진족의 보고는 '속임수'라고 결론을 내렸다. 거란이 발해부흥세력과 여진족들을 지속적으로 정벌하고 있었으나 거란의 직접적인 지배력은 거란의 동경(요동성)까지였다. 동경과 압록강 사이의 거리는 오백 리가량이었고, 그 사이에는 다양한 여진족들이 살고 있었다. 거란군이 고려를 공격하려면 먼저 이 지역을 직접적으로 지배해야 한다. 그 전에 고려를 공격하는 것은 무리한 일이었다.

고려 조정은 여진족의 보고가 속임수라고 판단했으나 지속적으로

거란 동경, 여진족, 고려, 발해부흥세력, 정안국

상황을 예의주시했다.

이때 여진족의 속임수라고 판단한 이유는 또 있었다. 9년 전(984년), 성종은 형관어사 이겸의(李謙宜)에게 명하여 압록강 강변을 따라 성을 쌓게 했다. 그때 여진족들의 습격으로 이겸의는 포로로 잡히고 군사들 중에 3분의 1만 돌아오게 된다. 고려와 여진족 역시 적대적인 관계였던 것이다. 따라서 여진족이 거짓된 정보로 고려를 함정에 빠뜨릴 수 있다고 판단했다.

짐이 직접 군대를 이끌 것이다

거란군의 동태가 심상치 않다는 첩보가 계속 들어왔다. 마침내 8월, 거란의 군사가 가까이 이르렀다는 보고가 들어온다. 성종은 급히 명령을 내렸다.

"거란의 군사가 이르렀다 하니, 전국에 군마제정사(軍馬齊正使)를 보내 군사들을 소집하라!"

그러고는 시중 박양유를 상군사(上軍使)로, 내사시랑 서희를 중군사(中軍使)로, 문하시랑 최량을 하군사(下軍使)로 삼아, 안북부(평안남도 안주)로 보내 거란군을 막게 했다. 성종도 서희 등과 더불어 안북부로 나아갔다. 즉 거란군을 방어하기 위하여 스스로 최전선으로 달려 나간 것이다.

성종은 전선으로 달려가며 이렇게 말했다.

성종과 서희가 갑옷을 입고 소손녕을 방어하기 위해 출정하고 있다.

"지금 인근의 적이 침입하여 나라를 어지럽히니, 짐이 직접 군대를 인솔하여 적을 물리치러 앞으로 나아갈 것이다!"[34]

매우 단순한 기록이라 별 감흥이 없어 보이지만 이렇게 바꾸어 예를 들면 느낌이 온다.

"1592년, 왜적이 조선을 침공하자, 조선의 왕인 선조(宣祖)는 신립에게 군대를 주어 충주로 나아가게 하고, 선조 역시 충주로 가서 왜적에 맞섰다!" 혹은, "1627년, 후금이 조선을 침공하자, 조선의 왕인 인조(仁祖)는 안북부(안주)로 나아가서 후금군에 맞섰다!"

선조와 인조가 이런 행동을 했더라면, 설령 적군에 사로잡히거나 전사했더라도 우리는 선조와 인조의 용기를 칭송하기에 여념이 없을 것이다. 혹자는 이렇게 말할 수도 있다.

'거란군은 일본군이나 후금군과는 다르다.'

물론 세 나라 군대를 동일선상에서 비교할 수는 없다. 그러나 한 가지 확실한 것은, 당시 거란군은 동아시아 최강의 군대였다는 점이다.

불과 수년 전에 거란군은 송나라 군대를 대패시켰으며 송나라 태종을 포로로 잡을 뻔했다. 거란군을 상대한다는 것은 목숨을 내걸어야 하는 일이었다. 성종은 이런 상황을 잘 알고 있었다. 그럼에도 불구하고 거란군을 상대하기 위해서 몸소 최전선으로 달려간 것이다.

성종은 왕으로서의 책임을 강하게 의식하고 있었고, 왕이라면 위험을 무릅쓰며 솔선수범해야 한다고 생각했다. 그 방법이 반드시 적중한다고 볼 수는 없어도, 적어도 그는 생각과 행동이 일치하는 왕이었다.

서희, 봉산군을 구하러 출전하다

서희는 942년 생으로 만부교 사건이 있던 해에 태어났다. 재상 서필(徐弼)의 아들로 성품이 엄정하고 조심스러웠다고 한다. 서희는 좋은 집안에서 태어났을 뿐만 아니라, 겨우 열아홉 살에 과거에 급제한다. 그 뒤 승진을 거듭하고 송나라에 사신으로 파견되기도 한다.

성종 2년인 983년, 서희는 병관어사(兵官御事)라는 관직에 임명되는데, 이는 오늘날의 국방부 장관과 같은 직이었다. 얼마 후 그는 재상인 내사시랑(內史侍郞, 정2품)에 임명된다.

소손녕이 이끄는 거란군이 침공하자, 서희는 중군사로 임명되어

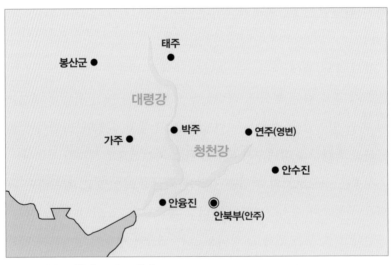

근처 성곽을 포함한 봉산군 일대(안북부, 안수진, 안융진, 태주, 연주, 박주)

군대를 이끌고 안북부로 나아가 주둔했다. 이때 성종도 함께였다. 고려의 선봉군은 급사중 윤서안이 이끌었는데 대령강을 넘어 봉산군까지 나아갔다. 그런데 이 선봉군이 거란군에 패하고 말았다. 이 소식에 성종은 일단 안북부에서 서경으로 물러난다.

서희는 군대를 이끌고 북상하여 봉산군을 구하려고 했다. 선봉군이 야전에서 패했지만 거란군과 승부를 보려고 한 것이었다.

서희는 안북부에서 북상하여 거란군에 대한 공격을 시도했다. 그런데 이상하게도 거란군은 움직이지 않았다. 초전에 승리를 거두었으니 파죽지세로 밀고 올 만도 한데 소손녕이 이끄는 거란군은 매우 조심하고 있었다.

고려군과 거란군은 대령강을 사이에 두고 대치 중이었다. 그리고 서로 간의 상당한 눈치작전이 있었을 것이다. 거란군에게 틈이 보였다면 서희는 북상했을 것이다. 마찬가지로 고려군에게 틈이 있었다면 거란군은 남하했을 것이다.

소손녕의 위협과 서희의 판단

서로 간의 대치가 이어지고 있는 가운데 소손녕이 먼저 서희에게 말을 전한다.

"우리나라가 이미 고구려의 옛 땅을 모두 차지하였는데, 이제 너희 나라가 우리의 국경을 침범했기에 내가 와서 토벌한다."[35]

그저 위협에 지나지 않는 말이라 서희는 따로 답장을 보내지 않았다. 서희가 반응이 없자, 소손녕은 다시 편지를 보냈다.

"우리나라가 천하를 통일하였는데도 너희가 아직 귀순하지 아니하니 소탕하기로 결정하였다. 지체하지 말고 빨리 항복하라!"[36]

서희는 소손녕의 말을 접하고 이상함을 느꼈다. 더는 남하하지 않으면서 말로만 구구절절 위협하고 있는 것이었다.

서희는 전반적인 정세에 대해서 생각했다. 거란과 송나라는 대치 중이었고, 거란이 아직 요동을 모두 평정한 것은 아니었다. 그런데도 압록강을 넘어 고려 땅까지 온 것이다. 서희는 드디어 판단을 내렸다.

"거란군은 남하하는 것에 부담을 느끼고 있다. 그렇다면⋯."

서희는 다시 안북부로 돌아와서 서경에 있던 성종에게 즉시 편지를 보내 보고했다.

"화친이 가능한 상황입니다."[37]

거란군의 모습을 본 서희는, 거란군이 고려군을 껄끄러워하고 있다는 것을 알게 되었고, 화친이 가능하다고 판단했던 것이다.

성종은 즉시 감찰사헌(監察司憲) 이몽전(李蒙戩)을 거란 진영으로 보내어 강화를 요청했다. 이몽전이 거란 진영에 닿기 전에, 소손녕의 글이 다시 도착했다.

"우리 80만 군사가 이르렀다. 만일 강을 나와 항복하지 않으면 모조리 무찔러 섬멸할 것이다. 고려의 임금과 신하는 속히 아군의 군영으로 와서 항복하라!"[38]

80만 군사는 소손녕이 허풍을 세게 친 것이었다. 이때 소손녕이 이끌고 온 군사는 많아야 6만 정도였다.[39] 고려 조정 역시 80만 군대는 거짓이라는 것을 알고 있었다.

소손녕은 "강에서 나와서 항복하라."고 했다. 소손녕이 지칭한 강은 청천강이나 대령강으로 보인다. 소손녕이 강을 콕 찍어서 말한 이유는 강을 부담스러워했기 때문이었다. 때는 음력 10월, 양력으로는 11월경이니 청천강과 대령강에는 아직 얼음이 얼지 않았을 때다. 고려는 청천강과 대령강 근처에 안북부, 안수진, 안융진, 태주, 연주, 박주 등의 성을 쌓아 방어선을 구축해놓고 있었다. 또한 고려의 주력군이 안북부에 주둔해 있는 상황에서 소손녕이 얼지 않은 강을 넘는 것은 크나큰 모험이었다.

드디어 이몽전이 소손녕의 진영에 도착해서 침략해 온 이유를 묻자 소손녕이 말했다.

"너희 나라가 백성을 구휼하지 않으므로 하늘을 대신해 벌을 내리는 것이다. 만약 강화(講和)를 구하려거든 빨리 와서 항복해야만 한다!"[40]

소손녕은 먼저 항복해야 강화할 수 있다고 말했다. 이몽전이 서경으로 돌아와서 보고하자, 성종은 신하들과 더불어 논의했다. 이때 서희는 서경에 있지 않고 안북부 근처에서 방어선을 지키고 있었다.[41]

거란군의 출정 방식 3가지

1.황제가 직접 원정에 참가하는 경우 – 국가의 가용한 전 병력을 동원한다.

2.황제가 친정하지 않고, 최고사령관인 도통을 임명하는 경우 – 15만 정도의 군사가 출정한다.

3.도통을 임명하지 않는 경우 - 기병 6만을 보내는데, 깊이 쳐들어가 거나 성을 공격하지 못하게 하고, 적국의 백성들이 국경 근처에 곡식을 심거나 가축을 기르지 못하게 한다. 소손녕의 침공이 이와 같은 형태였다.

항복론과 할지론

대책회의에서 여러 가지 의견이 나왔으나 다음 두 가지 의견으로 모아졌다.

"성상께서는 수도로 돌아가시고, 중신들에게 명하여 군사를 이끌고 항복을 빌게 하소서!"

이른바 '항복론'이었다.

"서경 이북의 땅을 그들에게 주시고 자비령을 국경선으로 정하소서!"

이른바 '할지론'이었다.

신하들이 항복하거나 영토를 떼어주자는 의견을 내놓은 것이었다. 고려 관리들이 소손녕이 말한 80만 대군을 믿지는 않았을 것이다. 고려는 송나라와 밀접한 외교관계를 맺고 있었고 거란 사정에 대해서도 잘 알고 있었다. 80만 대군이라는 것은 말이 되질 않았다.

그것보다도 아군의 선봉대가 패했다는 사실이 결정적이었다. 선봉대는 약 3천여 명으로 고려의 최정예 군사들로 구성되어 있었다. 군사들 중에 가려 뽑은 사람들로서 한 명 한 명이 일당백의 정예 용사들이었다. 이들이 고려 야전군 전력의 80%는 차지했을 것이다. 그런 군사들이 패했으니 고려의 군신들이 느끼는 충격은 엄청났다. 또한 송나라가 전력을 다했음에도 거란군에 연이어 패했다. 그렇다면 송나라보다 국력이 더 작은 고려는 말할 것도 없었다.

합리적으로 생각하면, 고려의 최정예군이 야전에서 패했으니, 앞으로도 야전에서 거란군을 이길 가능성은 작다고 보아야 한다. 그리고 이제 겨울이다. 조만간 강물이 얼어붙을 것이다. 대령강이나 청천강 등은 더는 방어선이 될 수 없다. 거란군은 이 기회를 놓치지 않고 고려가 쌓은 성을 우회하여 남하해올 것이다. 시간이 없다. 어서 결정을 내려야 한다. 강물이 얼어붙으면, 소손녕의 주장대로 80만은 아닐지라도, 적어도 수만의 기병대가 들이닥치게 된다.

그렇지만 항복은 불가하다. 그렇다면 남은 선택지는 영토를 떼어주는 할지론밖에 없었다. 성종은 이 의견에 따르기로 한다.

고려 시대 이장용(李藏用, 1201~1272)이라는 관료는 자비령에 대해서 이런 시를 남겼다.

자비령 넘는 길은 열여덟 번 꺾이는데(慈悲嶺路十八折)

장검 하나 들고 지켜 서면 일만 군사를 막을 수 있다네(一劍橫當萬戈絕)

이제는 온 천하가 태평하니(如今四海自昇平)

달은 기울어가고 두견새만 울어대는구나(空有杜鵑啼落月)

자비령은 소위 '한 명이 만 명을 막아설 수 있는 지형'이었다. 이곳

자비령

을 방어선으로 삼으면 거란군을 막아낼 수가 있다. 할지론을 따랐다고 성종은 두고두고 욕을 먹게 되었지만, 전술적으로는 방어선을 유리한 지형까지 후퇴시킨 나름대로 이성적이고 합리적인 결정이었다.

성종을 위해서 약간의 변명을 해보자.

혹자는 야전에서 다시 패하더라도 서경에서 버티면 되지 않느냐고 반문할 수도 있다. 그러나 외부적인 지원 없이 평지에 쌓은 서경성을 지켜낸다는 것은 요행을 바라는 일이다. 어쩔 수 없는 마지막 순간이라면 그렇게 하겠으나 아직은 전체적인 전략을 생각할 때였다. 고려군이 야전에서 거란군을 이길 수 없다고 판단했다면, 성종의 결정은 합당했으며 시의적절했다고 생각된다.

물론 성종의 결정이 가장 최선이었다고 단정할 수는 없다. 전쟁에는 예측할 수 없는 수많은 변수가 있기 때문이다. 그러나 안정적인 선택 가운데 하나였다는 것만은 분명하다.

성종은 이 명령을 전군에 하달하고 서경을 비우라는 명령을 내렸다. 그리고 서경의 곡식 창고를 개방한 후 백성들이 마음대로 가져가게 했다. 그래도 아직 남은 곡식이 많자, 적의 군량미로 사용될까 우려해 대동강에 던져버리게 했다. 그런데 성종이 예상하지 못한 변수가 있었다. 그 변수는 바로 한 사람이었다.

승부는 적의 빈틈을 보아 기동하는 데 있습니다

바로, 서희였다. 서희는 안북부에 있다가 자비령으로 방어선을 후퇴시킨다는 명령이 하달되자 즉시 서경으로 달려갔다. 서희는 성종을 보자마자 이렇게 일갈했다.

"전투의 승부는 국력의 강약에 있는 것이 아니라, 단지 적의 빈틈을 보아 기동하는 데 있습니다!"

서희는 거란군과 승부를 볼 생각이었다. 따라서 식량을 버리는 것은 절대 해서는 안 될 일이었다.

"식량이 넉넉하면 성을 지켜낼 수 있습니다. 어찌 급히 식량을 버리라는 명령을 내리십니까? 하물며 식량은 백성들의 생명입니다. 차라리 적에게 이용될지라도 어찌 헛되이 강에 버리겠습니까!"

성종은 뛰어난 사람이었고 또한 강골이었다. 즉시 서희의 말을 알아들었다. 곧 식량을 버리는 것을 중지시키고 방어선 후퇴 계획 역시 취소시켰다. 선봉군이 거란군에 패했지만 승산이 있다고 판단했던 서희는 자세한 생각을 말했다.

"거란의 동경부터 우리의 안북부까지는 수백 리입니다. 그 땅 대부분에 여진족이 살고 있는데 광종이 그 땅을 취해서 가주(嘉州: 평안북도 운전군)와 송성(松城) 등에 성을 쌓았습니다. 지금 거란군이 온 것은 불과 그 두 성을 차지하기 위한 것에 지나지 않습니다."

"그렇다면 그 두 성만 거란군에 넘기면 되겠소?"

서희가 고개를 저으며 말했다.

"소손녕이 고구려의 옛 땅을 차지하려고 한다는 것은 단지 우리를 위협하는 것에 지나지 않습니다. 지금 그 병력이 성대한 것처럼 보인다고 해서 급히 서경 이북을 떼어주는 것은 좋은 계책이 아닙니다. 삼각산 이북도 역시 고구려의 옛 땅인데 저들이 끝없이 요구한다면 그대로 다 주시겠습니까?"

성종이 말했다.

"거란군의 기세가 강한데 저들을 막을 수 있겠소?"

서희가 꿋꿋이 말했다.

"국토를 떼어 적에게 준다는 것은 만세의 치욕입니다. 성상께서는 도성으로 돌아가시고 신 등으로 하여금 적과 전투를 하게 해주십시오. 승부를 본 후 논의해도 늦지 않습니다."

서희는 거란군과 승부를 볼 것을 강력히 주장했다. 겁에 질려 땅을 떼어주는 것보다는 위험하더라도 적과의 전투를 주장한 것이었다.

서희의 말에 가만히 생각하던 성종이 이윽고 용상을 치며 말했다.

"좋소! 적과의 일전을 준비하도록 하시오."

그리고 서희는 성종에게 개경으로 돌아갈 것을 주문했다. 국왕이 전선에 너무 가깝게 있는 것이 군 지휘관에게는 매우 부담스러웠을 터다.

성종은 서희의 주장을 모두 받아들인다. 그러나 개경으로 돌아가시라는 주장만큼은 받아들이지 않았다. 유학에서 정치란, 군주가 솔선수범하는 것이다. 군주가 솔선수범해야 백성들이 기꺼이 따른다. 어려움을 무릅쓰는 것은 왕의 의무와 책임이었고 성종에게는 반드시 실천해야 하는 것이었다.

이때, 전 민관어사(民官御事) 이지백(李知白)이 아뢰었다.

"우리나라는 태조께서 창업하셔서 오늘에까지 이르렀습니다. 그런데 이제 국토를 적국에 주고자 하니 충신이라면 통탄하지 않을 수 없습니다. 이제 다른 나라의 '괴이한 법'을 본받지 마시고, 태조께서 설치하신 연등회·팔관회 등의 행사를 다시 거행하소서. 그리하면 국가를 보전하고 태평을 이룩할 수 있을 것입니다."

이지백은 이때 관직에서 물러나 있었다. 어쩌면 유교적 의례를 도입하는 것에 반대하다가 파직을 당했을 수도 있다. 이지백은 이 기회에 성종의 면전에서 이를 강하게 비판한 것이다.

성종은 화를 내지 않고 이지백의 말을 일단 수긍했다. 그렇지만 성종이 수긍한 이유는 이지백이 강단 있는 주장을 했기 때문이다. 성종에겐 유교적 의례를 폐지하고 팔관회 등을 다시 열 생각이 조금도 없었다. 어쨌든 이지백은 성종 때 공신으로 성종의 묘에 배향된다.[42]

소손녕

거란이라는 나라는 야율(耶律)씨와 소(蕭)씨의 연맹체의 성격이 짙은 나라였다. 야율씨를 황족이라고 표현할 수 있고 소씨를 황후족이라고 할 수도 있다. 이 황족과 황후족이 중첩적인 혼인 관계를 맺어 황실을 유지했다. 소손녕[43]은 황후족에 속한 최상층 신분의 사람이었다.

소손녕의 형은 소배압이다. 형제가 모두 능력이 출중했고 둘 다 공주(승천황태후의 딸들)와 결혼해서 부마가 된다. 소손녕은 여러 전쟁에서 많은 공을 세웠기 때문에 거란 내에서 한쪽 방면을 담당할 만한 최고의 장수 중 한 명으로 인정받고 있었다.

『요사』에서는 소손녕을 이렇게 평한다.

"담력과 지략이 있었고 모의를 잘했다."[44]

소손녕은 용맹한 장수였고 매우 과감한 성격의 소유자였다. 이 과감함은 전쟁터에서 빛을 발했고 승승장구하고 있었다.

983년부터 986년 사이에, 소손녕은 야율사진과 함께 동쪽을 정벌하여 발해 잔존 세력을 소탕했다. 이들에 의해 발해 세력은 사실상 종말을 고하게 된다. 988년 송나라의 성곽을 공격할 때는 화살과 돌이 비처럼 쏟아지는 와중에도 먼저 성 위에 올라 성을 함락시켰다.

소손녕은 여러 번 공을 세워 거란의 동쪽을 책임지는 동경유수에 임명되었다. 그리하여 승천황태후는 조서를 내려 거란의 오랜 염원이었던 고려 정벌을 명했던 것이다.

안융진

지금 전선은 교착상태였다. 소손녕은 고려의 선봉군을 패배시켰으나 섣불리 진군하지 못했다. 강과 산맥으로 이루어진 자연적인 방벽에, 고려가 요소요소에 성곽을 쌓아두고 있었고 또한 고려의 주력군이 주둔하고 있었다. 소손녕은 지모가 뛰어났고 또한 과감한 맹장이었다. 그런 만큼 가만히 있을 리 없었다.

고려군과 거란군의 대치 중에, 거란군은 우회 기동하여 고려의 안융진을 급습한다. 안융진의 위치는 계속 조금씩 변하는데, 청천강 하구 쪽에 자리 잡아서 교통로를 통제하는 역할을 하던 곳이었다.

안융진 전투는 청천강·대령강 방어선과 고려의 주력군이 있는 곳을 피한 기습작전이었다. 어느 정도 규모의 군대가 동원되었는지는 알 수 없지만 소규모 부대를 이용한 작전이었을 것이다. 이 전투에서 중랑장(中郎將) 대도수(大道秀)와 낭장(郎將) 유방(庾方)이 거란군과 싸워서 이긴다. 대도수와 유방이 안융진에 주둔해 있었는지 아니면 구원군으로 가서 거란군에게 승리를 거둔 것인지는 불분명하다.

대도수는 발해 태자 대광현의 후손이고, 유방은 고려 건국기의 영

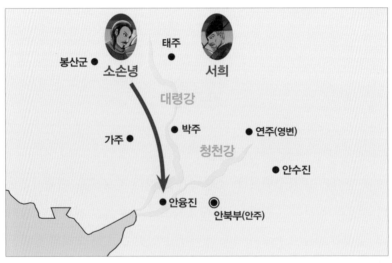

안융진으로 우회기동하는 거란군 지도

웅인 유금필의 후손이다. 출신성분도 좋았고 전공도 세운 이들은, 후에 무반의 실력자로 성장한다.

신이 불민하나, 감히 명령을 받들겠나이다

안융진에 대한 기습이 실패하자 소손녕은 감히 다시 진군하지 못했다. 그렇지만 사람을 보내 항복을 재촉했다. 성종은 합문사인(閤門舍人) 장영(張瑩)을 거란 진중으로 보냈다. 합문사인은 정5품의 관직으로 요직이기는 하지만 고위직이라고는 볼 수 없는 관직이다.

소손녕은 또 한 번 몽니를 부린다. 협상에 유리한 위치를 잡기 위해서 지속적으로 지적하고 요구하는 것인데, 앞서보다 확연히 수준이 낮아졌다. 전에는 왕과 신하들이 거란 진중으로 와서 무조건 항복하라고 했었다. 그러나 이제 소손녕은 대신(大臣)을 보내라고 했다.

"마땅히 대신을 우리 군영 앞으로 보내어 대면해야 할 것이다."

때는 이미 겨울이었다. 고려는 강물이 얼면 더는 방어막 구실을 해줄 수 없다는 것을 알고 있었다. 그렇지만 소손녕 역시 시간이 없었다. 보급이 한계에 달할 것이기 때문이었다.

장영이 돌아오자, 성종은 신하들을 모아놓고 물었다.

"누가 능히 거란 진영으로 가서 뛰어난 언변으로 거란군을 물리치고 만세의 공을 세우겠소?"

신하들 중에선 나서는 자가 없었다. 그만큼 위험하고 어려운 임무였다. 그러나 한 사람이 있었다. 서희가 나서며 말했다.

"신이 불민하나, 감히 명령을 받들겠나이다!"

성종은 서희에게 협상에 관한 전권을 주었고 강가까지 나와서 서희의 손을 잡으며 위로하고 보냈다.

요나라 동경은 원래 우리 땅이다

서희가 거란 진중에 도착하자 소손녕은 역시 딴죽을 걸었다.

"내가 큰 나라의 귀인이니 그대가 마땅히 마루 아래에서 나에게 절을 해야 한다."

소손녕은 서희의 기를 꺾고자 했던 것이다. 그러나 서희는 고려 최고의 인물이었다. 그런 것에 흔들릴 사람이 아니었다. 서희가 강하게 말했다.

"신하가 군주에게 마루 아래에서 절을 올리는 것은 예의지만, 두 나라의 대신이 서로 만나는데 어찌 이와 같을 수 있겠는가!"

서로가 주장을 굽히지 않자, 통역관이 조율을 위해 두세 번 오갔다. 소손녕은 서희가 뜰 아래에서 절을 해야 한다고 계속 우겼다.

서희는 거란과의 전쟁을 두려워하지 않는 사람이었다. 마침내 서희가 화를 내며 숙소로 들어와 드러누웠다. 이제 소손녕의 선택은 둘 중 하나였다. 협상을 결렬시키거나, 협상하거나.

소손녕은 협상을 택했다. 사실 소손녕 입장에서는 그 방법밖에 없었다. 고려의 군사력은 만만치 않았고 자신들의 보급은 한계에 달했기 때문이었다. 소손녕은 이런 상황을 만든 서희를 만만치 않은 사람이라고 생각했다. 마침내 동등한 예법으로 인사를 나누기로 합의했다. 그제야 서희는 거란의 군영 안으로 들어갔다.

　소손녕과 서희는 서로 마주 보고 읍한 뒤 마루로 올라가 동서로 마주 앉았다. 비로소 둘의 회담이 시작된 것이다. 그러나 소손녕의 허세와 딴죽은 계속되었다.

　"그대의 나라는 신라 땅에서 일어났다. 고구려 땅은 우리 소유인데도 그대들이 침범하고 있다. 또한 우리와 국경을 맞대고 있는데도 바다를 건너 송나라에 사대하고 있기 때문에 오늘의 출병이 있게 된 것이다. 만일 땅을 떼어 바치고 조공을 잘한다면 무사할 수 있을 것이다."

거란의 군영에서 서희와 소손녕이 인사를 나누고 있다.

그러자 서희가 다음과 같이 주장했다.

"그렇지 않다. 우리 고려는 고구려의 옛 땅에서 일어난 나라다. 그 때문에 국호를 고려라 하고 평양에 도읍한 것이다. 국경 문제를 두고 말한다면, 거란의 동경도 모조리 우리 땅인데 어찌 우리가 침략해 차지했다고 하는가?"

서희의 말에 소손녕은 할 말을 잃었다. 고구려와 고려는 혼용해서 사용하는 같은 국호였고, 평양을 서경으로 칭하며 수도의 기능을 부여한 것도 모두 사실이었기 때문이다. 거란의 동경은 원래 고구려의 요동성이었다. 거란은 요동성을 점령하고 '동쪽 지역의 수도'로서의 역할을 부여하여 '동경'이라고 칭했던 것이다.

서희가 말을 이어나갔다.

"게다가 압록강 안팎도 우리 땅인데, 지금 여진족이 그 땅을 훔쳐 살며 길을 막고 있다. 그러니 거란으로 가는 것은 바다를 건너 송나라로 가는 것보다 더 어렵다. 조공이 통하지 않는 것은 여진족 때문이다. 만약 여진을 쫓아내고 우리의 옛 영토를 돌려준다면 어찌 감히 조공을 잘 하지 않겠는가?"

서희와 소손녕 모두 "고구려 땅은 우리 땅이다!"라고 주장하고 있었다. 다만 소손녕은 뭉뚱그려서 '고구려 땅은 다 우리 것이다'라고 하고, 서희는 콕 찍어서, '압록강 안팎은 우리 땅이고, 너희 나라 동경도 우리 땅이다. 그러니 우리 영토를 돌려 달라'라고 한다.

결국 서희의 주장은 이렇다.

"거란 동경까지 우리 땅이니 거기까지 돌려줘!"

서희가 협상에서 유리한 위치를 확보하기 위하여 크게 던져본 것

일 수도 있으나 이는 그가 진정으로 인식하는 고려의 영역이기도
했다.

아래 소개하는 글은 이로부터 100여 년이 지난 1088년, 거란군이
보주(保州, 현재 평안북도 의주) 근처에 군사시설과 시장 등을 설치하자,
그것을 없애줄 것을 요청한 고려의 표문 내용 중 일부이다.

"승천황태후께서 조정에서 섭정하실 때 영토를 확정해주셨습니다. 서쪽
은 요동성 근처 언덕으로 하고, 동쪽은 개사수까지로 하였습니다."[45]

고려가 거란에 보낸 표문에서 서쪽 경계를 요동성(거란 동경) 근처
라고 명시하고 있다. 서희가 소손녕에게 말한 것과 같다. 이를 보아도
알 수 있듯 요동을 우리 땅이라고 생각한 것은 고려인들의 기본 인식
이었을 터다. 이 같은 인식은 조선 시대에도 계속 이어졌다.[46]

두루뭉슬하게 회담을 마무리하다

사실 소손녕의 1차 목표는 고려를 거란의 질서 안으로 들어오게 하
는 것이었다. 고려가 조공한다고 했으니 일단 목표를 달성한 것이었
다. 그 이상의 군사행동은 고려군의 저항으로 불가능했다. 소손녕은
이 사실을 거란 조정에 보고했다. 곧 승천황태후가 소손녕에게 명령
서를 보냈다.

"고려가 이미 강화를 요청해왔으니, 마땅히 군사행동을 중지하라."

그런데 서로가 생각한 강화협상의 내용은 사뭇 달랐다. 서희는 고구려의 옛 땅을 회복하고 조공하는 것이었고, 소손녕은 그냥 조공하는 것이었다. 서로 이런 사실을 어느 정도 인식했지만, 강화협상은 이렇게 마무리된다. 두루뭉술한 외교적 언어로 협상은 마무리되었고 어쩌면 이제부터 진정한 전쟁이 시작될 참이었다.

고려와 거란은 60여 년간 적대국이었다. 고려를 자신들의 질서 안에 편입시키는 것은 거란의 주요 관심사였다. 목표를 이룬 소손녕은 매우 기뻤고 서희를 위한 잔치를 베풀려고 했다. 서희가 잔치를 사양하며 말했다.

"본국이 비록 잘못한 일은 없지만, 상국에서 수고스럽게도 군대를 멀리서부터 출동시켰다. 우리나라에서는 모두가 당황하여 무기를 든 채로 여러 날을 들판에서 지새웠으니, 어찌 차마 잔치를 하고 즐기겠는가!"

소손녕이 다음과 같이 말하며 재삼 청했다.

"두 나라의 대신이 서로 만났는데 어찌 서로 즐기는 잔치가 없겠는가!"

서희는 거란 진영에 7일간 머물며 잔치를 즐겼다. 소손녕은 서희가 돌아갈 때 낙타 10마리, 말 1백 필, 양 1천 두와 비단 5백 필을 선물로 주었다.

서희가 돌아오자 성종이 크게 기뻐하며 강가에 나가 맞이했다. 그리고 바로 시중 박양유를 예폐사(禮幣使)로 삼아 거란에 들어가게 하려고 했다. 서희가 반대하며 말했다.

"제가 소손녕과 약속하기를 여진을 깨끗이 평정하고 옛 땅을 수복한 뒤에야 조공이 통할 수 있을 것이라고 했습니다. 이제 겨우 강 안을 수복하였으니 강 밖의 영토까지 획득하고 나서 수교를 하더라도 늦지 않을 것입니다."

여기서 강은 압록강을 말한다. 서희는 압록강 밖까지 영토를 넓힐 의도였던 것이다. 성종은 일단 거란과 외교적 관계를 수립하는 것이 좋다고 생각했다.

"전쟁 중이더라도 일단 수교를 맺는 것이 상책이오."

성종은 다음 해(994년) 4월 박양유를 거란으로 보내서 거란의 역법을 시행하겠다고 알린 후, 포로의 송환을 요청했다. 거란에서는 속전을 내고 포로를 데려가라고 했다.

거란에 보복하라!

성종은 강한 성격의 소유자였다. 이듬해인 994년 6월, 송나라에 사신을 보낸다. 송나라에 원군을 요청해서 거란의 침략행위에 보복하기 위해서였다.

"거란은 고려와 송나라를 모두 침범했습니다. 이제 힘을 합쳐 거란을 섬멸하기를 원하나이다."

9년 전(985년), 송나라가 고려에 원군을 요청했을 때와 반대의 상황이 된 것이다.

그러나 당시 송나라는 거란에 연이어 대패하여 수세에 몰려 있는 상태였다. 더구나 이해(994년) 9월에 송나라 태종은 거란에 화친을 구하는 사신을 보내기도 한다.[47] 송나라 태종은 경솔한 군사행동은 적절치 않다는 이유로 거절한 후 사신을 후하게 대접만 하고 돌려보냈다.

고려가 송나라에 원군을 요청한 것을 거란이 알 수밖에 없다. 거란과의 외교적 문제가 될 수밖에 없었고 또다시 거란의 침략을 불러일으킬 수 있었다. 그런데 고려의 움직임을 눈치챈 거란은 군사적인 압박보다는, 사신단을 고려에 보내 좋은 말로 성종을 달랬다.[48]

여기서 성종은 얕은수를 써본다. 거란 황제 야율융서에게 춤을 잘추는 기녀들을 보낸 것이다. 야율융서가 주색에 빠지기를 바라면서 말이다. 그런데 너무나 얕은수였다. 승천황태후가 정권을 잡고 있었는데 여자 무용수를 보낸다는 것은 적절치 않았다. 거란에서는 당연히 기녀들을 고려로 돌려보냈다. 성종은 또 한편으로 소년 10명을 거란으로 보내 거란어를 익히게 한다.

고려와 거란의 축성

소손녕은 신속히 움직였다. 고려를 영향권 안에 두기 위해서는 즉시 교통로를 개설해야 했다. 교통로가 확보되어야 고려에 본격적인 군사력을 투사할 수 있다.

소손녕은 994년 2월에 고려에 편지를 보낸다.

"제가 우리 황제의 명을 받아 상황을 살펴본즉, 우리 측은 압록강 서쪽에 다섯 개의 성을 쌓는 것이 좋을 듯하여 3월 초에 축성할 곳으로 가서 공사를 시작하려 합니다. 삼가 청하옵건대, 대왕께서는 압록강 동쪽에 축성할 성의 수가 몇 개인지를 빨리 회신해주십시오."

고려와 거란이 강화를 맺었으나, 전쟁은 종결된 것이 아닌 휴전 상태에 가까운 것이었다. 거란은 승천황태후가 정권을 잡은 이후 계속 팽창하는 중이었고, 소손녕의 침공이 고려와 거란의 관계를 완전히 확정해준 것도 아니었다.

양국 사이엔 서로 수교하여 태평성대를 맞이하자는 외교적 수사들이 오갔으나, 사실 고려와 거란은 서로 다른 속내를 가지고 있었다. 거란은 고려를 공격할 안정적인 공격로를 확보할 생각이었고, 고려는 그런 거란에 맞서 단단한 방어선을 확보하고 경우에 따라서는 공격로를 확보하고자 했다. 그런 만큼 전쟁이 또다시 일어난다는 것은 거의 기정사실이었다.

시급히 방어선을 확보해야 했으므로 이제 고려도 급히 움직인다. 서희는 군사를 거느리고 여진족을 쫓아내어, 994년에는 장흥진, 귀화진, 곽주, 구주에 성을 쌓고, 995년에는 안의진, 흥화진에, 996년에는 선주, 맹주에 성을 쌓는다. 서희가 쌓은 성곽 중에 위치가 비정된 곳은 곽주(평안북도 곽산군), 구주(평안북도 구성시), 흥화진(평안북도 피현군), 선주(평안북도 선천군), 맹주(평안남도 맹산군)다. 장흥진과 귀화진의 위치는 미상이고 안의진의 위치는 여러 설이 있는데 그중 '평안북도 천마군'이 유력하다.

이때의 기록이 간단하여 마치 쉽게 이루어진 것 같이 보이나 결코

강동6주와 거란이 쌓은 성

쉬운 일이 아니었다. 고려의 모든 역량이 투입되었음은 물론이다. 태조 왕건 때부터 이 지역에 진출을 시도했으며, 광종 때는 태조의 북진 정책을 이어받아 청천강과 대령강 사이에 성을 쌓아나갔다. 성종 초에 압록강까지 진출하여 성을 쌓으려고 했으나 여진족에게 패해 실패하고 만다(984년).

이 같은 역사 위에서 서희가 군대를 이끌고 2년 만에 압록강과 대령강 사이의 지역을 완전히 장악한 것이다. 소위 강동6주라고 불린 이 성들은 후에 고려의 '철의 방어선'이 된다. 또한 이 철의 방어선은 고려의 중앙 정치가 엉망이었던 몽골의 침략기에도 위력을 발휘하고 조선 시대에도 동일한 역할을 부여받게 된다.

서희의 전략 '방패와 창'

고려 국경 지역에 서북면과 동북면이라는 특별행정구획이 설치된다. 서북면은 거란을 방어하기 위해서 설치한 것이고, 동북면은 동북쪽에 사는 여진족들을 방어하기 위해서 설치한 것이었다. 그리고 나서 고려는 서북면과 동북면에서 걷히는 세금을 모두 이 지역의 국방비로 충당했다.

서희가 거란군에 대항하기 위해 설계한 방어 전략은 '방패와 창'이었다.

'방패'는 서북면(동북면)이다. 적당한 거리마다 성곽을 종횡으로 쌓

서북면

안북도호부 · 안변도호부(화주)

서경(평양) ◉

황주목 ·

해주목 · · 개경(개성) ◉ ─── 고려 초기 3경

양주목 ·

광주목 · 동북면

청주목 · · 충주목

공주목 · · 상주목

전주목 · · 동경(경주) ◉

나주목 · 승주목 · · 진주목

12목과 서북면과 동북면

아 다중방어선을 만들었다. 거란군이 침공하면 이 다중방어선이 방패가 되어 거란군을 지연시킨다. 그리고 경우에 따라서 성문을 열고 기습 출격하여 거란군을 공격한다.

'창'은 고려의 중앙군이었다. 서북면의 방패가 거란군을 막는 동안 전국에서 소집된 군사들이 창이 되어 거란군과 일전을 벌인다.

이제 방어 전략은 완성되었다. 지금부터 중요한 것은 그것을 실행하는 사람들의 의지와 능력이었다.

고려 성종, 거란 공주와 결혼하다

이런 긴박한 상황에서, 고려 성종은 좌승선(左承宣) 조지린(趙之遴)을 거란에 보내 혼인 관계를 맺을 것을 청한다(995년 9월). 그러니까 고려 성종이 정략결혼을 요청한 것이다. 거란이 그 요청을 받아들여, 고려 성종의 배필을 정해준다.

장차 고려의 왕비가 될 여인은 바로 소손녕의 딸이었다. 소손녕은 월국공주와 결혼한 부마였고, 소손녕은 대대로 황후 가문에 속한 사람이었다. 즉 소손녕의 딸은 고려 성종과 결혼할 만한 공주급 신분이었다.

기록상에는 고려가 거란에 혼인을 요청했다고 나오지만, 실제로는 거란이 먼저 요구했을 가능성이 높다. 고려 입장에서는 거란의 여인이 고려의 왕후가 되면 골치만 아플 뿐이지 실익이 없을 게 뻔했다.

거란이 고려의 내정을 간섭할 빌미만 주게 될 터였다. 더구나 고려 성종은 딸만 있고 아들이 없었는데, 만일 거란인 왕후가 아들을 낳는다면 거란의 피를 이어받은 고려왕이 탄생하게 된다.

이 역사적 사실을 한번 과감하게 해석해보자. 승천황태후는 인재를 중시했다. 최고의 인재라고 판단되면 권한을 몰아주었다. 한덕양, 야율휴가, 야율사진, 소배압, 소손녕이 그러했다. 소배압과 소손녕은 사위로 삼기까지 했다. 승천황태후는 강단 있는 사람들을 좋아했고 성종도 그런 류의 사람이다. 따라서 그녀의 마음에 들었을 테고 자신이 가장 아끼는 외손녀를 고려 성종에게 시집보내기로 했을 것이다.

승천황태후가 사위로 삼는다는 것은 한 방면을 다스리는 권한을 준다는 의미였다. 어쩌면 승천황태후는 고려 성종에게 요동의 통치권을 약속했을지도 모를 일이다. 그리하여 고려 성종과 소손녕의 딸은 정혼하게 되고, 고려와 거란은 각별한 밀월관계가 된다. 거란은 고려 성종을 거란 황가의 일원으로 대우했다. 따라서 그만한 예우가 있었을 것이다.

성종은 송나라와의 관계는 아예 끊고 『요사』의 기록처럼, 시도 때도 없이 안부를 묻는 사신을 거란에 파견한다.

장인인 소손녕, 장모인 월국공주, 장모의 어머니인 승천황태후의 안부를 주로 물었을 것이다. 물론 거란 황제 야율융서의 안부도 물었을 것이다. 그리고 소배압도 챙겼다. 소배압이 소씨 집안의 가장 웃어른이었던 탓이다.

거란의 혼인 제도를 보면, 먼저 정혼을 맺은 후에, 여자의 나이가 어느 정도 차면 남자의 집으로 가서 시집살이를 하는 형태로 보인다.

후에 고려왕과 결혼한 원나라 공주들이 고려에 와서 왕비가 되어 살았듯이, 소손녕의 딸 역시 고려에 와서 왕비가 될 예정이었다.

고려 성종과 소손녕의 딸은 그렇게 장거리 연애를 시작한다. 2년간 연애 기간이 이어지던 중 고려 성종이 겨우 38살의 나이에 안타깝게도 사망한다(997년). 소손녕의 딸은 결국 고려에 와서 왕비가 되지 못했다.

고려 성종과 장거리 연애를 하던 소손녕 딸의 정확한 나이는 알 수 없지만, 추정은 어느 정도 가능하다. 소손녕과 월국공주가 989년 4월에 혼인하는데 그때 월국공주의 나이는 열세 살이었다. 어머니인 월국공주의 나이로 보았을 때, 소손녕의 딸의 나이는 많아야 네 살 정도거나 생후 몇 개월인 젖먹이였을 가능성도 크다.

정혼을 통한 고려와 거란의 밀월관계는 성종의 죽음으로 끝나게 된다. 그리고 고려와 거란은 다시 긴장 상태가 된다.

성종과 서희의 사망

여러모로 바빴던 성종은 997년 10월에 못 일어날 병에 걸린다. 병세가 심해지자 자신의 조카이자 경종의 아들인 개령군 왕송(王誦, 목종)을 불러 왕위를 물려준다.

대신들이 성종의 병을 치료하기 위하여 사면령을 반포하자고 건의하자, 성종은 이렇게 말한다.

"죽고 사는 것은 하늘에 달렸으니, 억지로 목숨을 연장할 필요 뭐 있겠는가? 나의 뒤를 이어 왕위에 오르는 개령군이 사면령을 반포하여 새 왕의 은혜를 펴도록 하라."

성종은 이렇게 말한 뒤 눈을 감았다. 16년간 재위했으며 사망할 때 나이는 38살이었다.

고려 말 대학자 이제현은 성종을 이렇게 논평했다.

"성종은 '뜻이 있는 사람이라면 함께 일할 수 있다'는 말에 적합한 분이 아니겠는가? 아! 현명하도다!"

서희 역시 그다음 해인 998년 7월 사망한다. 향년 57세였다.

서희에 대해서는 이런 이야기가 전해진다. 서희의 할아버지 서신일(徐神逸)은 시골에 살았다. 그런데 사냥꾼에 쫓기던 사슴이 화살에 맞아 도망치다가 서신일의 집으로 들어왔다. 서신일은 얼른 화살을 뽑아주고 사슴을 숨겨주었다.

그다음 날 서신일의 꿈에 신인(神人)이 나타나 감사하며 말했다.

"사슴은 바로 내 아들입니다. 그대 덕분에 죽지 않았으니, 공의 자손으로 하여금 대대로 고관대작이 되도록 하겠습니다."

서신일이 80세에 서필을 낳았고, 서필은 재상이 되었다. 서필의 아들 서희 역시 마찬가지였다. 그리고 서희의 아들 서눌도 이어서 재상이 된다.

뛰어난 신하와 훌륭한 왕

서희는 군사들을 이끌고 소손녕을 막아냈고, 정세를 잘 판단하여 협상을 성공적으로 마무리했다. 또한 고려의 강력한 방어 전략을 만들었다. 서희는 고금을 통틀어 손에 뽑을 수 있는 뛰어난 신하였다. 그 뛰어난 신하가 존재하기 위해서는 그를 뒷받침하고 믿어주는 훌륭한 왕이 있어야 한다. 성종은 그런 훌륭한 왕이었다.

성종과 서희 사이에는 이런 일화가 있다.

정우현(鄭又玄)이라는 하급 관리가 정치를 비판하는 상소문을 성종에게 올렸다. 성종은 정우현이 올린 상소문을 보고 무슨 이유에서인지 매우 분노했다.

성종이 재상들을 모아놓고 크게 화를 내며 말했다.

"정우현이 감히 월권하여 정치를 비판했으니 그에게 벌을 주어야겠소."

재상들이 답했다.

"성상의 분부에 따르겠나이다."

그때 서희만 반대하며 말했다.

"간쟁하는 데 관직이 따로 없었으니 직책을 넘은 것이 무슨 죄겠습니까? 신이 재상의 자리를 차지하고서 아무 일도 하지 않아, 결과적으로 하급 관리로 하여금 정치를 비판하게 만들었으니, 이것은 바로 신의 죄입니다. 하물며 정우현의 비판은 대단히 적절하오니 오히려 표창을 주어야 할 것입니다."

서희의 말을 들은 성종은 곧 자신의 잘못을 깨우쳤다.

"내가 옹졸했구려. 정우현이 강직하니 그를 감찰어사로 삼겠소."

그리고 서희를 가장 높은 관직인 내사령(內史令)으로 승진시켰다.

소손녕의 죽음

고려 정벌은 거란의 숙원 사업이었고, 고려를 형식적이나마 복속시킨 공으로 소손녕은 계성갈력공신(啟聖竭力功臣)이라는 칭호를 받게 된다.

소손녕은 고려를 정벌한 후 올야(兀惹)라는 부족을 토벌하는데(996년), 올야는 발해부흥세력 중의 하나인 정안국(定安國)으로 추정된다. 소손녕은 올야성을 함락시키는 데는 실패하지만, 올야는 이 이후로 거란에 완전히 복속된다. 올야 정벌 뒤에는 여진 부족 중의 하나인 포로모타부(蒲盧毛朶部)를 정벌한다. 소손녕이 포로모타부를 정벌함으로써 거란의 동방경략은 대개 마무리 짓게 된다.

소손녕이 포로모타부를 정벌하고 돌아온 후에, 소손녕의 부인인 월국공주가 병에 걸린다. 승천황태후는 여러 딸 중에 월국공주를 가장 아꼈다고 한다. 아끼는 딸이 병이 들자, 현석(賢釋)이라는 궁녀를 보내 월국공주의 병간호를 하게 했다.

그런데 소손녕은 현석을 보고 본능을 일깨우게 된다. 궁녀는 황제의 여자였고, 황제의 여자를 건드리면 관직에서 내쫓기고 궁형(宮刑,

남자의 생식기를 거세하는 형벌)을 받은 전례가 있었다. 이 일을 알게 된 월국공주는 매우 분노하여 승천황태후에게 알린다.

사실 소손녕의 능력, 전공 등을 감안하고 더구나 부마라는 신분을 생각하면, 일반적인 상황에서는 관직에서 물러나게 하여 근신시키는 정도로 처벌되었을 가능성이 크다. 그런데 소손녕에게는 대단히 불운하게도 월국공주가 곧 사망하고 만다. 이때 월국공주의 나이는 스물한 살이었다.

월국공주가 사망하자, 승천황태후는 월국공주의 사망이 소손녕 때문이라고 굳게 믿는다. 분노한 승천황태후는 소손녕에게 사약을 내렸다(997년).

전연의 맹[49]

적대적이었던 고려를 거란의 질서에 편입시켰으니, 이제 목표는 송나라였다. 승천황태후는 송나라와의 전쟁을 지시했다. 999년부터 거란군은 송나라를 공격하기 시작했다. 그러나 송나라도 만만치 않았다. 몇 년간에 걸친 거란군의 파상공세를 잘 막아냈다.

1004년 9월, 승천황태후는 갑옷을 입고 말 위에 올랐다. 그 승천황태후 뒤에는 거란 황제 야율융서와 더불어 20만의 거란 군사가 따랐다. 승천황태후가 직접 군대를 몰고 송나라에 쳐들어간 것이었다.

당시 송나라 황제는 태종의 뒤를 이어 진종(眞宗, 재위 997~1022)이

승천황태후는 몸소 갑옷을 입고 거란 군사 20만을 이끌었다.

즉위해 있었다. 승천황태후가 20만 군사를 이끌고 남하하자, 크게 겁
먹은 진종은 수도를 남쪽이나 서쪽으로 옮기려고 했다.

다행히 재상 구준(寇準)이 흔들리는 진종을 억지로 설득해서 전선
으로 가게 했다. 전선으로 가는 중에도 진종은 계속 흔들린다. 진종이
구준에게 말했다.

"거란 군사들이 사납다고 하는데 그들을 막을 수 있겠소? 많은 대
신이 남쪽으로 몽진을 가는 것이 상책이라고 말하고 있소."

"폐하께서 전장으로 가셔야 군사들의 사기가 오르고 적들을 막아
낼 수 있을 것입니다."

승천황태후는 이번 기회에 송나라를 완전히 정벌할 생각이었다.

따라서 송나라 진종이 전선으로 왔으나 송나라는 위태한 상황이었다. 그런데 송나라에 뜻밖의 행운이 찾아온다. 당시 거란군을 총지휘하던 장수는 소달름(蕭撻凜)이라는 장수였다. 그런데 소달름이 전연(澶淵)의 성곽을 둘러보다가 송나라 군사가 쏜 쇠뇌에 맞아 사망하고 만 것이다.

총사령관인 소달름이 사망하자, 승천황태후는 소배압을 다시 총사령관으로 임명했다. 그러나 거란군의 사기는 매우 떨어져 있었다. 결국 승천황태후는 강화를 결정한다. 이렇게 해서 거란과 송나라 사이에 맺어진 맹약이 '전연의 맹'이다. 이 '전연의 맹'의 결과로 송나라는 매년 비단 20만 필, 은 10만 냥을 거란에 바치기로 한다. 그리고 거란과 송나라 황제가 서로 형제가 되기로 하고, 송나라 황제가 승천황태후를 숙모라고 부르기로 했다.

한기(韓杞)가 오렌지(橙子)와 귤(橘)을 구별 못하다

거란과 송나라의 강화 교섭을 위해, 거란 관리 한기(韓杞)가 송나라 진중으로 갔다. 송나라에서는 조안인(趙安仁)이라는 관료가 한기를 접대했다. 객관에서 저녁식사를 하는데 한기가 과일 한 개를 들어보이며 말했다.

"이 열매는 고려가 보낸 공물에서 본 적이 있다."

한기가 들어 올린 과일은 등자(橙子)였다. 등자는 현대에는 오렌지라는 이름으로 많이 불린다. 조안인이 정색하며 말했다.

"등자(橙子)의 산지는 오(吳)와 초(楚) 지역이다. 우리 조정에서 천하의 물산들을 정리한 책을 가지고 있는데, 다른 나라에서는 생산되지 않는다고 적혀 있다. 또한 급사중(給事中) 여우지(呂祐之)가 일찍이 고려에 사신으로 갔었는데, 등자와 유자가 있다는 것을 듣지 못했다.”

한기가 본 고려의 공물은 귤(橘)이었다. 오렌지와 귤은 비슷하게 생겼다. 북방에 사는 한기는 둘을 구별하지 못하고 오렌지를 귤이라고 한 것이었다. 조안인의 쏘아붙임에 한기가 부끄러워했다고 한다.

이로부터 6년 후인 1010년, 한기는 거란 황제 야율융서가 40만 대군으로 고려를 침공할 때도 외교적인 교섭을 맡는다. 그러나 고려에서의 경험은 송나라 때보다 훨씬 살벌했다.

제3장

영웅들이 나타나다

왕순(王詢), 사생아의 탄생

왕순(王詢)은 992년(성종 11년) 7월에 개경에서 태어났다. 왕순의 아버지는 왕욱(王郁)으로 태조 왕건의 아들이었다. 즉 왕순은 태조 왕건의 손자였다.

태조 왕건은 사회의 통합을 위해서 지방의 호족들과 지속적인 혼인관계를 맺는다. 『고려사』에 기록된 공식적인 후비만 29명이다. 이쯤 되면 사회 통합을 위해서인지, 자신을 위해서인지 헷갈릴 지경이기는 하다.

태조 왕건은 신라를 병합(935년)하고, 역시 신라 왕실의 여인과 혼인 관계를 맺는다. 결혼 상대는 신라 왕족 김억렴의 딸로, '덕용쌍미(德容雙美)'했다고 한다. 즉 덕과 용모가 모두 아름다웠다는 것이다. 김억렴은 신라 마지막 왕인 경순왕의 큰아버지였다. 이 결혼에서 왕욱(王郁, 940?~996)이 태어난다.

경종(景宗, 955~981)의 네 번째 왕비였던 헌정왕후(獻貞王后) 황보씨(皇甫氏)는 경종이 사망하자 궁궐을 나가 개인 저택에서 살고 있었다.

헌정왕후는 천추태후의 동생이다. 그러니까 언니인 천추태후가 경종의 세 번째 왕비였고 동생인 헌정왕후가 네 번째 왕비였던 것이다. 또한 천추태후와 헌정왕후는 성종의 여동생들이었다. 천추태후는 경종과의 사이에서 목종(穆宗)을 낳았으나 헌정왕후는 자식을 생산하지

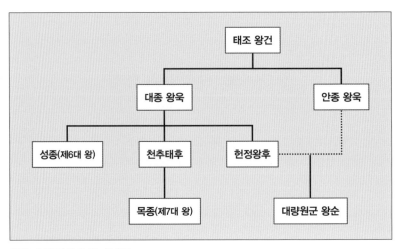

왕욱과 헌정왕후의 계보도

못했다.

경종이 사망한 후, 개인 저택에서 미망인으로 살던 헌정왕후는 어느 날 꿈을 꾸었다. 곡령(鵠嶺, 개경 근처에 있는 고개)에 올라 소변을 누었더니, 온 나라에 흘러넘쳐 모조리 은빛 바다로 변하는 꿈을 꾼 것이다.

매우 익숙한 이야기인데, 신라 시대 김유신의 동생 문희도 이런 꿈을 바탕으로 김춘추와 결혼하게 된다. 아마 왕과 결혼하거나 왕을 낳으려면 이런 형태의 꿈을 꾸는 전통이 있었던 듯하다.

헌정왕후가 꿈의 내용이 신기하여 점을 쳐보니, 이런 점괘가 나왔다.

"아들을 낳을 것이니, 그가 한 나라의 왕이 될 것이다!"

왕을 낳을 태몽이라는 것인데, 헌정왕후는 이 점괘를 전혀 믿을 수 없었다. 자기 아들이 왕이 되고 말고를 떠나서, 여자 혼자 아이를 낳을 수는 없는 일 아닌가! 헌정왕후는 이렇게 되뇌었다.

"내가 지금 과부로 있는 터에 어찌 아들을 낳으리요!"

그런데 마침 왕욱이 헌정왕후의 집 근처에 살고 있었다. 배다른 삼촌과 조카 사이였던 두 사람은 서로 왕래하다가 급기야 사랑에 빠지게 된다. 그리고 그 사랑의 결과로 헌정왕후는 임신을 한다.

이때 왕욱은 50대 정도의 나이였고 헌정왕후는 30살 정도의 나이였다. 둘은 나이 차가 상당히 있었지만 사랑하게 된 것이다. 왕욱에게는 당연히 다른 부인이 있었다. 그 사이에는 나중에 성목장공주(成穆長公主)로 추증되는 딸도 있었다.

왕욱과 헌정왕후가 관계를 맺을 때 왕욱의 부인이 살아 있었는지는 확실하지 않다. 만일 왕욱이 홀아비였다면 과부인 헌정왕후와 관계를 맺는다고 해서 불륜은 아닌 셈이다. 그런데 전 왕의 왕비와 이런 관계를 갖는 것은 꽤 자유스러웠던 당시 사회 풍조에서도 문제가 되는 행동이었다.

성종 11년(992년) 7월, 헌정왕후가 왕욱의 집에서 자고 있는 사이에, 그 집안사람들이 장작을 뜰에 쌓아놓고 불을 질렀다. 아마, 전부터 집안사람들은 둘의 관계를 탐탁지 않게 여겨 말리고 싶었나 보다. 그러나 예나 지금이나 사랑에 푹 빠진 남녀를 말릴 방법은 아무것도 없었다.

왕욱은 생존해 있는 거의 유일한 태조 왕건의 아들이었기 때문에 왕실의 가장 큰 어른이었다. 헌정왕후는 전 왕비였다. 또한 현 국왕인 성종의 친여동생으로 그 위세가 대단했을 것이다. 권위와 위세가 대단한 두 사람이 사랑에 빠지니 누가 말릴 수 있었겠는가! 집안사람들은 둘의 관계를 말릴 뾰족한 수(手)가 없다고 판단하여 이처럼 극단적인 방법을 쓴 듯하다. 불길이 맹렬히 솟아오르자 사람들이 불을 끄러 달려왔다.

성종도 삼촌인 왕욱의 집에 불이 났다는 소식에 급히 달려와 안부를 물었다. 이때 왕욱의 집에서 자고 있던 헌정왕후는 아마도 잠옷차림으로 있었을 것이고, 성종 역시 그 모습을 보았다. 따라서 집안사람들이 성종에게 둘의 관계를 사실대로 알렸다.

전 왕의 왕비이지만 그 전에 자신의 친동생인 헌정왕후, 그리고 이복 삼촌인 왕욱 간의 이런 깊은 관계를 본 성종은 심히 당황했다. 더구나 이때 헌정왕후는 만삭의 몸이었다. 성종은 크게 화를 내고 헌정왕후를 집으로 돌려보냈다. 그리고 앞으로 둘에게 만나지 말 것을 명했다.

헌정왕후는 창피를 당하여 부끄러웠다. 그리고 무엇보다도 사랑하는 사람을 앞으로 만날 수 없다는 사실에 크게 슬퍼하여 통곡하면서 집으로 돌아갔다. 그런데 집 대문에 막 닿자마자 배에 통증을 느껴 대문 앞의 버드나무 가지를 부여잡고 아이를 낳는다. 태어난 아이는 사내아이였고 건강하게 태어났다. 그러나 헌정왕후는 아이를 낳다가 그만 죽고 만다. 성종은 크게 안타깝게 생각하고 유모를 택해서 아이를 기르게 했는데, 그가 바로 왕순(王詢)이었다.

여담으로, 성종의 두 여동생은 모두 남자 문제를 일으킨다. 헌정왕후는 왕욱과 관계를 맺어 아이까지 낳고, 천추태후는 김치양이라는 자와 관계를 맺는다. 성종은 여동생들과 상대한 남자들을 모두 귀양보내서 그 사이를 떼어 놓으려고 했다.

아빠, 아빠!

성종은 즉시 왕욱을 사수현(泗水縣: 지금의 경상남도 사천시)으로 유배 보냈다. 그러나 왕욱이 태조의 아들인데다가 자신의 이복 삼촌이니 좋은 말로 다독였다.

"숙부께서 대의를 범해 귀양 가시니 너무 애태우지는 마십시오."

성종의 명으로 내시알자(內侍謁者) 고현(高玄)은 왕욱을 사수현까지 호송한다. 왕욱은 자신을 호송한 뒤에 다시 개경으로 떠나는 고현을 전송하며 눈물 어린 시를 짓는다.

그대와 내가 같은 날 황도(개경)를 떠났건만(與君同日出皇畿),

그대는 먼저 돌아가고 나는 못 돌아가네(君已先歸我未歸).

수레에 갇힌 나그네는 사슬에 매인 원숭이와 같아 탄식하고(旅檻自嗟猿似鎖),

헤어지는 정자에 앉아, 나는 듯 달려가는 말을 부러워하네(離亭還羨馬如飛).

황성의 봄에 대한 그리움이 꿈에서 오가는데(帝城春色魂交夢),

눈에 보이는 시골 해변의 경치에 눈물이 옷깃에 가득하네(海國風光泪滿衣).

성주(성종)가 하신 말씀은 응당 바뀌지 않겠으니(聖主一言應不改),

나는 시골 어촌에서 늙어 죽도록 있으리오(可能終使老漁磯).

왕욱은 성격이 꼬장꼬장한 성종이 자신을 쉽게 용서하지 않을 것을 예상하고 있었다. 그리고 어느 시점에서 헌정왕후가 죽었다는 것을 알게 되었다. 헌정왕후의 죽음은 왕욱에게 깊은 슬픔을 주었다. 그 슬픔 속에서 왕욱은 한 사람을 자신의 곁에 두고 싶었다. 바로 헌정 왕후와의 사이에서 태어난 자신의 아들, 왕순이었다.

헌정왕후는 사망했고 왕순의 아버지 왕욱은 사수현에서 유배 중이 다. 따라서 외삼촌인 성종은 유모를 뽑아 궁궐 안에서 왕순을 기르게 했다. 왕순이 두 살이 되자 유모는 '아빠'라는 말을 가르쳤다. 어느 날 성종은 왕순이 잘 크고 있는지 확인하기 위해서 불러오게 했다. 유모 가 안고 들어가자 왕순은 성종을 우러러 쳐다보며 말했다.

"아빠!"

유모가 내려놓자 왕순은 성종에게 다가갔다. 성종의 옷자락을 붙 잡고 무릎 위로 기어 올라가서 성종을 빤히 보며 다시 불렀다.

왕순(현종)이 아버지 왕욱을 만나 웃고 있다.

"아빠!"

왕순의 행동에 성종이 눈물을 흘리며 말했다.

"이 아이가 아비를 몹시도 그리워하는구나!"

드디어 왕순을 사수현으로 보냈다. 왕욱은 결국 자신의 아들과 같이 살게 된 것이다.

내 시신을 엎어 묻어라

광종(고려 제4대 왕, 재위 949~975)과 경종(고려 제5대 왕, 재위 975~981)의 시대를 겪으며 태조 왕건의 후손들은 많은 수가 죽임을 당했다. 왕권을 위협할 만한 왕자들은 조금만 의심스러운 행동을 해도 죽어 나간 것이다. 왕욱 같은 경우는 본인이 신중히 처신했기 때문에 살아남았을 것이다.

태조 왕건의 뒤를 이은 혜종, 정종, 광종, 경종은 아들을 많이 생산하지 못했다. 성종 역시 이 시기(992년 이후)에 마흔 가까이 되도록 남자아이를 낳지 못하고 있었고 딸만 두 명 두고 있었다. 하여간 고려 왕가에는 남자의 씨앗이 귀한 상태였다.

따라서 왕욱은 자기 아들인 왕순이 왕위에 오를 수도 있다고 생각하게 된다. 왕욱이 개경으로 돌아간다면 아들을 위해서 음으로 양으로 활발한 정치적 활동을 했을 것이다. 그러나 왕욱의 건강이 그것을 허락하지 않았다. 이에 왕욱은 '음양풍수학'에라도 의지하려고 했다.

건강 상태가 급격히 나빠지자, 금이 든 주머니 한 개를 왕순에게 몰래 주면서 이렇게 당부했다.

"내가 죽으면 이 금을 술사(術師)에게 주도록 해라. 그리고 서낭당의 남쪽 귀룡동(歸龍洞)[50]에 장사 지내게 하되, 반드시 엎어서 묻게 하여야 한다."

성종 15년(996년)에 왕욱이 사망하자, 왕순은 아버지의 유언대로 술사에게 말한다.

"아버지의 시신을 엎어 묻어주십시오."

이때 왕순의 나이는 겨우 다섯 살이었다. 다섯 살짜리의 요구에 술사는 이렇게 혼잣말을 한다.

"무엇이 그다지도 바쁜가?"

시신을 엎어 묻는 것이 어떤 의미인지 알 수 없으나, 자신의 아들인 왕순이 왕위에 오르기를 강하게 기원하는 행동이었다는 것은 분명하다. 이듬해(997년) 2월, 왕순은 개경으로 돌아왔다.

안종 추모 귀룡제(출처: 사천시청 네이버 블로그)

출가

왕순은 대량원군(大良院君)으로 책봉된다. 대량은 지금의 경상남도 합천군의 지명이다. 왕순의 외증조부인 김억렴이 합천에서 관직을 지냈다고 한다. 그래서 대량원군으로 책봉된 것으로 보인다.

성종은 딸 둘만 두고 결국 아들을 낳지 못하고 사망한다(997년). 성종은 죽기 전에 왕위를, 경종(재위 975~981)의 아들이자 자신의 조카인 왕송(목종, 재위 997~1009)에게 물려준다.

그런데 목종이 즉위한 후, 상황이 묘하게 돌아가기 시작한다. 목종이 여자들에게 관심을 두지 않고 남자들을 가까이하는 것이었다. 목종이 동성애자였는지 양성애자였는지는 확실치 않다. 그러나 후계자를 생산할 가능성이 현저히 낮아진 것은 분명했다.

그렇다면 왕순이 왕위 계승의 1순위 후보가 된 것이다. 그런데 목종의 나이가 18세임에도 목종의 어머니인 천추태후가 섭정을 시작했다. 정상적이지 않은 섭정이라 대신들의 반대가 심했을 텐데, 기록이 없어서 어떤 이유에서 천추태후가 섭정을 시작한 것인지는 알 수 없다.

천추태후가 권력욕이 강했기 때문일 수도 있고 혹은 목종이 정치에 관심이 없었기 때문일 수도 있다. 목종은 사냥과 술을 즐겼으며 정치에 마음을 두지 않았다고 한다.

섭정을 시작한 천추태후는 유배 중이던 한 사람을 신속하게 자신의 최측근으로 부른다. 그가 바로 태후의 옛 애인이었던 김치양이다.

『고려사』에 의하면, 김치양은 이렇게 묘사된다.

"양기가 강해서 음경에 수레바퀴를 걸 수 있을 정도였다."

천추태후는 김치양을 불러들여 합문통사사인(정7품)의 관직을 주었고 얼마 후에는 우복야(정2품)로 승진시킨다. 정7품의 관직을 주는 것도 이례적인 일인데, 거기에 더해 재상급으로 급속히 승진시킨 것이다.

천추태후의 후광으로 고위직에 오른 김치양은 곧 인사권을 한 손에 장악한다. 그러고는 자신의 측근들을 요직에 심었다.『고려사』에는 이때 일이 이렇게 기록되어 있다.

"김치양의 일당들이 온통 요직을 차지하고 권력을 휘두르며 뇌물을 공공연히 챙겼다."

하여간『고려사』기록으로 보면 참 나쁜 사람이다. 그리고 이제는 권력을 거머쥐었으니 아무 거리낌 없이 밤낮으로 천추태후와 농탕을 쳤다. 남녀가 농탕을 치다 보니, 결과물이 생기게 될 수도 있다. 천추태후와 김치양 사이에 남자아이가 태어난 것이다.

아이는 998년에서 1003년 사이 어느 시점에 태어난 듯하고, 이때 천추태후의 나이는 30대 중후반이었다. 일반적인 상황이었다면 아이를 숨겨서 기르는 것이 정상일 것이다. 고려 시대가 아무리 개방적이었다고 한들 전 왕후가 사생아를 낳는 일은 큰 비난이 될 게 뻔했다.

그런데 천추태후와 김치양은 여기서 다른 생각을 하게 된다. 목종이 남자들을 가까이하는 것은 사실이고 그러다 보면 당연히 후계자를 생산할 가능성은 없어진다는 것을 염두에 둔 것이다. 실제로도 목종은 왕위에 오른 후, 몇 년 동안 아이를 생산해내지 못하고 있었고,

결과적으로도 그는 끝내 아이를 한 명도 갖지 못한다.

따라서 김치양과 사이에 아이가 태어나자, 천추태후는 과감한 생각을 한다. 자신과 김치양 사이에서 태어난 아이를 목종의 후계자로 삼아서 다음 왕으로 만드는 것이었다. 역성혁명이라고 할 수 있는 엄청난 생각이었으나 반드시 불가능한 것만은 아니었다. 천추태후는 섭정을 하고 있으니 사실상 왕이었고 김치양은 가장 강력한 권력자이다. 둘이 하려고 한다면 못 할 일은 없었다.

사실상의 역성혁명은 강력한 반발에 부딪힐 것이다. 그런데 반발을 현저하게 줄이는 길이 있다. 왕위에 오를 왕씨가 없다면 반발은 확연히 줄 것이다.

당시 태조 왕건의 피를 이어받은 왕씨 남자는 몇 명 되지 않았다. 기록에 의하면 왕순 외에 왕림(王琳)과 왕정(王禎)이라는 태조 왕건의 손자들이 있었다. 그런데 왕림과 왕정의 아버지 동양군(東陽君)은 광종 때 반역죄로 처형된다. 따라서 이들은 역적의 자식이란 굴레를 쓰고 민간에 숨어 살았다. 그렇다면 목종 이후에 왕위에 오를 수 있는 왕씨는 단 한 명, 왕순뿐이었다. 천추태후는 이런 이유로 왕순을 꺼리기 시작한다.

순리대로 하면 천추태후는 왕순을 자식처럼 생각해야 한다. 둘은 이모와 조카의 관계인 것이다. 더욱이 먼저 하늘나라로 간 동생이 남긴 자식에 대해서 애틋한 감정을 갖는 것이 인지상정일 것이다.

또한 목종이 후계자를 생산하지 못한다면 왕위는 왕순에게 돌아갈 것이다. 천추태후가 왕순을 아들과 같이 대우할 명분과 실제적 이유는 충분하다. 천추태후는 두 명의 왕의 어머니가 되는 것이다.

    아마도 천추태후와 김치양 사이에 아이가 태어나기 전까지는 천추태후와 왕순의 사이가 살가웠다고 추측해본다. 그런데 천추태후의 아이가 태어남으로써 둘의 관계는 180도 바뀐다. 가장 친밀한 사이에서, 한 하늘 아래에서 공존할 수 없는 원수와 같은 사이로 점점 변모하게 되는 것이다.

    천추태후는 걸림돌이 되는 왕순을 왕권으로부터 떨어뜨리기 위해 일단 출가를 시킨다. 왕순이 열두 살(1003년)이 되던 해에 강제로 머리를 깎여 승려가 되게 한 것이다. 왕순은 처음에는 개경 남쪽에 있는 숭교사(崇敎寺)로 출가를 한다.

승려가 된 왕순이 용처럼 생긴 작은 뱀과 놀고 있다.

생명의 위협

숭교사의 승려 하나가 꿈을 꾼다. 꿈속에서, 큰 별이 숭교사의 뜰에 떨어지더니 갑자기 커다란 용으로 변하는 것이었다. 승려가 놀란 가슴으로 그 모습을 보고 있는데 용은 다시 사람의 모습으로 변하고 있었다. 승려는 가슴이 떨리는 와중에도 그 사람의 얼굴을 자세히 보았다. 그 얼굴은 바로 왕순이었다. 승려는 이 꿈을 절 안의 사람들에게 말했고 이 일 때문에 사람들이 왕순을 기이하게 여기게 되었다.

1003년 숭교사로 출가한 후에, 왕순은 1006년까지 그곳에서 지낸다. 천추태후는 초반에는 왕순에 대하여 그렇게 나쁜 마음을 가지지는 않은 듯하다. 어쩌면 순수하게 느껴지기도 한다.

왕순이 출가한다고 해서 왕권과 거리가 멀어지는 것은 아니었다. 사실 상징적인 행위에 불과할 뿐이다. 더구나 개경 남쪽 교외에 있는 숭교사에서 지내면 관리들이나 유력자들과의 교류가 자연스러울 수밖에 없다.

천추태후의 구체적 심리는 추측에 의존할 수밖에 없지만, 왕순을 숭교사로 출가시킬 때까지는 그렇게 나쁜 마음을 품은 것 같지는 않다. 오히려 배려심이 느껴지기도 한다.

숭교사는 목종의 원찰[51]로 세워진 사찰로서, 현 국왕의 원찰인 만큼 가장 성황리에 운영되고 있는 사찰 중 하나였다. 왕순은 숭교사에서 불교계의 유력 인사들과 교분을 맺었고 그들의 가르침을 받았다.

어쩌면 천추태후는 왕순이 불교계의 거목이 되기를 바랐을 수도 있다. 왕순에게 돌아갈 왕위는 가로채지만, 그 반대급부로 불교계의 거목이 되는 길을 걷게 해주고 싶었을지도 모른다. 당시 불교는 국교와 다를 바 없었으므로, 승려로서의 최고 지위인 국사(國師)나 왕사(王師)가 되면 그 권위는 말할 수 없이 높았다.

천추태후는 이런 그림을 그렸을 수도 있다. 자신과 김치양 사이의 아이가 왕위에 오르고, 왕순이 국사나 왕사가 되어 그를 보필하는 것 말이다. 그러나 어느 순간 천추태후는 이런 그림이 그려지지 않을 것을 알아챈다. 왕위 계승 1순위의 왕순 주위에 자연스럽게 많은 사람이 모여들었기 때문이다. 어쩌면 왕순이 가지고 있는 왕위에 대한 의지를 보았을 수도 있다. 또한 김치양 등이 천추태후를 자극했을 수도 있다.

천추태후는 어느 순간 왕순을 제거하기로 마음먹는다. 그런데 왕순이 개경의 숭교사에 있으면 보는 눈이 많으니 어떻게 하기가 어렵다. 천추태후는 왕순을 사람들의 왕래가 드문 삼각산(三角山) 신혈사(神穴寺)로 보낸다.

신혈사는 지금의 진관사로 서울특별시 은평구에 있다. 신혈사에는 진관조사(津寬祖師)라는 중이 수도하고 있었는데, 규모가 작은 사찰이었다. 왕순이 신혈사에 기거하게 되자, 사람들은 왕순을 신혈소군(神穴小君)이라 불렀다.

왕순이 개경에서 멀어지자 천추태후는 여러 차례 사람을 보내 암살하려고 했다. 진관조사는 암살 시도를 눈치채고, 침상 밑으로 땅굴을 파서 왕순을 그곳에 기거하게 했다.

1009년 즈음에는, 천추태후가 직접 측근을 시켜 술과 떡을 보낸다.

이들이 절에 당도해 왕순을 만나 몸소 먹이려 했다. 수상함을 느낀 진관조사는 왕순을 땅굴에 숨겨놓고 산에 놀러 가서 간 곳을 알 수 없다고 거짓말을 했다. 이들이 돌아간 뒤 떡을 뜰에 버렸더니 까마귀와 참새가 주워 먹고 그대로 죽었다. 이 일로 왕순은 굉장한 위협을 느꼈다. 곧 목종에게 절박한 편지를 보낸다.

"간악한 무리가 술과 음식을 보냈는데 신은 독약을 넣은 것으로 의심하여 먹지 않았습니다. 과연 그 음식을 까마귀와 참새에게 주니 먹고 죽어버렸습니다. 상황이 이렇게 절박하니, 성상께서는 저를 불쌍히 여겨 구원하여 주소서."

태조 왕건의 후손은 왕순밖에 없었고, 목종은 자신의 뒤를 이어 왕순이 왕위에 오르는 것이 당연하다고 생각하고 있었다. 왕순과 목종 사이에서는 그런 교감이 미리 있었다.

신혈사(진관사) **대웅전**(출처: 한국민족문화대백과사전)

급박한 정세

신혈사에 머무는 동안, 왕순은 시냇물을 보고 다음과 같은 시를 짓는다.

한줄기 물이 백운봉에서 나와(一條流出白雲峯),
만 리 큰 바다로 거침없이 흘러가네(萬里蒼溟去路通).
바위 아래 잔잔한 샘물이라 일컫지 마라(莫道潺湲巖下在),
오래지 않아 용궁까지 도달할 물이니(不多時日到龍宮).

또 어느 날은 작은 뱀을 보고 시를 지었다.

작고 어린 뱀이 울타리에서 똬리를 틀고 있네(小小蛇兒遶藥欄).
온몸에 붉은 비단을 두른 그 모습 광채가 빛나네(滿身紅錦自班斕).
꽃밭 아래서만 오래 머문다고 말하지 마오(莫言長在花林下).
하루아침에 용이 되기 어렵지 않으니(一旦成龍也不難).

두 시 모두, 자신이 지금은 작은 존재이나 언젠가는 왕이 될 것임을 강하게 암시하고 있다. 또한 꿈속에서 '닭 울음'과 '다듬이 소리'를 들었다고 한다. 술사(術士)에게 해몽을 부탁했다.

"닭은 고귀위(高貴位)하고 울고, 다듬이 소리는 어근당(御近當)으로 들리니, 이는 임금이 될 조짐이오."

‘고귀위’는 ‘높고 귀한 지위’라는 뜻이고, ‘어근당’은 ‘왕권에 가깝다’라는 뜻이다.

목종 12년(1009년) 정월, 상황이 더욱 급하게 돌아가기 시작한다. 누구의 소행인지 알 수 없으나, 궁궐의 기름 창고에서 불이 나 천추태후가 사는 천추전(千秋殿)까지 모조리 화재로 소실된 것이다. 천추태후에 반대하는 누군가가 일부러 방화한 것이다.

이 상황에서 목종은 슬퍼하고 탄식하다가 병환이 났다는 핑계를 대고 궁궐의 내전에 틀어박힌다.

사실 이 문제에 대한 목종의 해결법은 간단했다. 김치양을 제거하고 천추태후와 김치양 사이의 아이도 제거하면 문제는 해결된다. 아니면 섬 등으로 유배를 보내는 방법도 있다. 그러나 목종은 이 간단한 해결법을 선택하지 않았다. 어머니인 천추태후와 대립하는 것이 부담스러웠을 것이다. 목종은 단호하게 움직이지 않고 두서없는 행동을 하게 된다.

사태의 심각성은 신하들도 인지하고 있었다. 만일을 대비해서 왕사(王師)와 국사(國師)가 숙직하고 채충순, 최사위, 최항 등 주요 신하들도 궁궐에 머물렀다.

목종의 남색(男色) 상대로 유행간과 유충정이 있었다. 목종이 병이 났다는 핑계로 내전에 머물자, 이들은 내전에서 숙직하며 목종을 보좌했다. 유행간은 유금필의 후손으로 얼굴이 아름다웠다고 한다. 유충정은 발해인으로 역시 꽃미남이었을 것으로 짐작된다.

목종은 매번 명령을 내릴 때마다 이들에게 물어서 실행했다고 한다. 왕의 총애가 이토록 대단하니, 이들의 권력은 막강했고 관리들을 턱짓으로 부렸다.

목종이 내전에 거처하면서 두문불출하자 두려움을 느낀 신하들이 면담을 요청했다. 신하들의 면담 요청에 유행간이 나와서 목종의 말을 전했다.

"몸이 점차 회복되거든 다른 날에 불러보겠소."

유행간과 유충정은 말하자면 문고리 2인방이었다. 그런데 이때, 김치양이 유충정을 포섭하려고 한다. 유충정은 이 일을 목종에게 보고했다.

"김치양은 외람되게도 왕위를 넘보고 있어서 저를 비롯한 관리들에게 선물을 뿌리며 포섭하고 있습니다."

이때 대량원군 왕순의 편지도 도착했다. 목종은 이제는 가만히 있을 수 없다고 판단한다. 왕위를 김치양의 아들에게 넘길 수는 없는 일이었다. 우유부단했던 목종이 드디어 움직이기 시작한다.

강조(康兆)의 정변

목종은 중추원부사 채충순을 은밀히 침실로 불러 말했다.

"나의 병이 점점 위독하여 곧 세상을 뜰 것 같은데, 태조의 후손으로는 대량원군만 남아 있소."

그러면서 왕순의 편지를 보여주었다. 채충순이 편지를 보고 나서, 목종에게 말했다.

"형세가 급박하니 빨리 조치를 취해야 합니다."

목종이 눈물을 흘리며 말했다.

"내가 친히 왕위를 물려주고 싶으니 대량원군을 빨리 불러오도록 하시오. 만약 나의 병이 나을 경우에는, 성종께서 나를 책봉하였던 것과 같이 일찌감치 후사를 못 박아 놓으면, 왕위를 넘겨다보는 자들이 없을 것이오."

채충순이 구체적인 계획을 건의했다.

"군사들이 많아 행군이 더디게 되면 간악한 무리가 먼저 손을 쓸까 두렵습니다. 십여 명만 보내 지름길로 가서 맞이해 와야만 합니다."

채충순의 건의에 따라서, 선휘판관 황보유의와 낭장 문연 등이 왕순을 맞아오기로 결정했다.

대궐 안의 급박한 상황과 더불어, 대궐 밖의 상황도 중추사·우상시 강조를 중심으로 긴박하게 돌아가기 시작한다.

이때 강조는 서북면도순검사로 임명되어 국경지역인 서북면에 나가 있었다. 서북면도순검사는 서북면의 군사와 행정을 책임지는 최고위직으로 여기에 임명된 것을 보면 병법에 밝았다고 생각된다. 강조는 목종이 가장 신뢰하는 최측근이었다. 목종은 강조에게 편지를 보내 개경으로 오게 한다.

"그대는 서둘러 궁궐로 와서 짐을 호위하라!"

강조는 왕명을 받고 수행원 몇과 급히 출발하여 용천역(龍川驛, 황해북도 서흥군)에 이르렀다. 용천역에서 개경까지는 이틀 정도 거리였다. 그런데 위종정(魏從正)과 최창(崔昌)이 강조를 찾아와 다음과 같이 말했다.

"성상의 병이 위독하여 목숨이 경각에 달려 있고, 천추태후와 김치양은 왕위를 찬탈할 모의를 하고 있습니다."

강조 역시 천추태후와 김치양의 행동에 대해서는 잘 알고 있었다. 강조가 무겁게 고개를 끄덕였다. 이들이 말을 이어나갔다.

"공이 서북면에 있으면서 많은 병력을 장악하고 있으니, 자기네 뜻에 따르지 않을까 염려하여 왕명을 사칭하여 공을 부른 것입니다."

강조가 크게 놀라며 말했다.

"그럼 어떻게 해야겠소?"

"공께서는 신속히 서북면으로 돌아가 크게 의로운 군사를 일으키셔야 합니다. 그래야 나라와 스스로를 보전할 것이니 때를 놓치면 안 됩니다."

위종정과 최창은 강조에게 쿠데타를 일으킬 것을 권한 것이다. 강조는 이들의 말을 듣고 일단 서북면으로 돌아갔다.

강조가 서북면으로 돌아가자마자 천추태후가 보낸 군사들이 자비령에 당도했다. 강조가 개경으로 오는 것을 막으려고 한 것이었다. 조금만 늦었다면 강조는 천추태후에게 살해될 수도 있었다.

강조의 상황은 진퇴양난이었다. 개경으로 오라는 왕명이 정말 목종의 뜻인지, 천추태후의 뜻인지 알 수 없었다. 어쨌든 서북면에 계속 머무르면 개경으로 오라는 왕명을 거역한 것이 되고, 왕명에 따라서 개경으로 오면 천추태후의 세력에게 목숨을 잃을 수도 있었다.

이때 강조의 아버지가 편지를 지팡이 속에 감추고 노비에게 주어 강조에게 보낸다. 이 노비는 머리카락을 밀어버리고 묘향산(妙香山) 중이라고 속여 강조가 있는 서북면에 당도하는 데 성공한다. 이 노비가 얼마나 급히 왔는지 도착하자마자 기력이 다하여 죽었다고 한다.

편지의 내용은 이러했다.

"왕이 이미 죽고 간흉이 권세를 휘두르니, 군사를 이끌고 개경으로 와 국난을 바로잡으라!"

강조는 아버지의 편지를 보고 목종의 죽음을 확신하게 되었다. 마침내 부사(副使) 이현운(李鉉雲) 등과 함께 무장한 군사 5천 명을 거느리고 질풍처럼 남하했다. 강조가 마침내 쿠데타를 일으킨 것이다. 서경을 지나 천추태후의 군사들이 지키고 있던 자비령을 돌파하여 평주(平州, 황해북도 평산군)에 다다랐다. 평주에서 개경까지는 하루거리였다.

여기서 강조는 목종이 사망하지 않았다는 사실을 알게 된다. 강조는 목종이 가장 신임하는 신하였고 강조 역시 목종에게 충성을 바치고 있었다. 강조는 기세가 꺾여 한참 동안 고개를 숙이고 있었다. 그러나 이미 군대를 움직인 이상 멈출 수는 없었다. 주사위는 던져진 것이다. 여러 장수들 역시 강조에게 강력하게 주장했다.

"이미 여기까지 왔으니 중지할 수 없습니다."

갈등하던 강조가 드디어 답했다.

"알겠소. 계속 갑시다."

여기서 회의를 하게 되고, 명분을 갖추기 위해서는 한시바삐 새로운 왕을 세우는 길밖에 없다는 것에 뜻이 모인다.

왕위에 오를 수 있는 사람은 대량원군 왕순 한 사람밖에 없었다. 강조는 감찰어사(監察御史) 김응인(金應仁)을 신혈사로 보내어 왕순을 모셔오게 했다.

이때 강조는, 목종이 왕순에게 황보유의 등을 보낸 것을 모르고 있었다. 목종이 보낸 황보유의와 강조가 보낸 김응인은 우연히 길에서 만나게 된다. 둘은 함께 신혈사에 이르러서 왕순을 개경으로 모셔 온다.

현종의 즉위와 목종의 운명

강조는 왕순을 맞아오게 한 다음, 목종에게 편지를 보냈다.

"성상께서 병환이 위독하신데 후계자를 정하지 못하였으니, 간악한 무리가 왕위를 엿보고 있습니다. 그래서 대량원군을 대궐로 맞아들여 명분을 세우려고 합니다. 성상께서는 일단 궁궐 밖에 나가 계십시오. 곧 간악한 무리를 소탕한 뒤에 성상을 다시 모시겠습니다."

이때 강조는 아직 개경 시내에 진입하지는 않았다. 목종이 마음만 먹는다면 강조를 반역자로 선포하며 저항할 수도 있었다. 그러나 목종은 그렇게 하지 않았고 그저 가만히 있었다. 천추태후나 김치양도 마찬가지인데, 강조의 무력에 대항할 수 없어서 그런 것인지 원래 능력이 없는 사람들이었는지는 알 수 없다.

강조가 목종에게 편지를 보내고 그다음 날에, 이현운이 이끄는 선발대가 드디어 개경 시내에 진입했다. 강조의 군사들이 궁궐까지 진입하자, 목종은 이제는 모든 것이 끝났다는 것을 깨달았다. 이때 목종과 천추태후는 같이 있었다. 둘은 화를 면하지 못할 줄 알고 하늘을 우러러보고 목 놓아 울었다고 한다. 목종은 궁궐을 나가서 법왕사(法王寺)에 거처했다.

곧이어 대량원군 왕순이 궁궐에 도착하였고, 왕순은 드디어 연총전에서 즉위를 한다. 대량원군 왕순이 곧 현종(顯宗)이다.

강조는 목종을 폐하고 군사들을 시켜 목종과 천추태후의 측근들을 잡아들였다. 그리고 유행간과 김치양 등 일곱 명을 처형했다. 그 일곱 명 중에는 천추태후와 김치양 사이의 아이도 있었다.

천추태후가 꾸었던 꿈은 이제 모두 끝난 것이다. 목종과 천추태후는 말을 타고 남쪽으로 길을 떠났다. 그리고 사람을 시켜 강조에게 전하게 했다.

"지난번 창고에 화재가 나고, 뜻밖의 변고가 생긴 것은 모두 나에

현종이 자신이 간행한 『진병대장경판』을 살펴보고 있다.

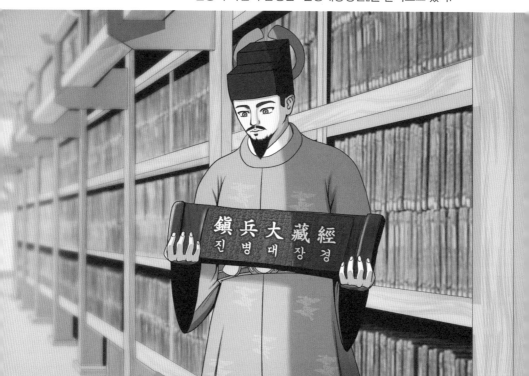

게 덕이 없는 탓이다. 다시 누구를 원망하리오. 고향에 돌아가 늙기만을 원하니, 경이 새 임금에게 이 사실을 아뢰고 잘 보좌하기를 바란다."

목종과 천추태후는 충주(忠州, 충청북도 충주시)를 목적지로 이동했다.[52] 목종은 천추태후가 음식을 먹으려 하면 친히 그릇을 받들었으며, 천추태후의 말고삐를 직접 잡았다고 한다. 목종이 효자였다는 것은 의심할 여지가 없다.

그런데 강조의 입장에서는 목종을 살려두기가 힘들다. 전 왕이 어딘가에 살아 있다는 것은 정치적으로 크게 부담되는 일인 것이다. 더구나 대도시인 충주에서 살겠다고 하니 강조로서는 결단을 할 수밖에 없었다.

강조는 사람을 시켜 독약을 올렸다. 그러나 목종은 독약을 먹으려고 하지 않았다. 그러자 호위 군사 하나가 목종의 목을 찔러 시해했다. 목종의 죽음을 본 천추태후가 어떤 반응을 보였는지는 알 수 없다. 아마 크게 오열했을 것이다. 천추태후는 목종이 죽자 자신의 고향인 황주(黃州, 황해북도 황주군)로 돌아갔다.

강조의 권력 집중과 현종의 혼인

강조는 중대성(中臺省)이라는 기구를 새로 만든다. 이 중대성(中臺省)에 왕명의 출납과 군사에 대한 권한을 집중시킨다. 그리고 스스로 중대성의 최고 책임자인 중대사(中臺使)에 올라 모든 권력을 거머쥐었다. 모든 권력을 강조가 갖게 되니 현종은 다만 허수아비 왕에 지나지 않게 된 것이다.

왕이 새로 교체되었으니 거란에 사신을 보내야 한다. 강조는 사농경(司農卿) 왕일경(王日敬)을 거란에 보내어 목종의 사망과 현종이 즉위했음을 알렸다. 거란이 어떤 트집을 잡을지 모르므로, 거란에 사신을 보내는 것은 매우 민감하고도 중대한 일이었다.

왕이 새로 즉위하면 그 조상을 높이는 것은 관례였다. 현종은 즉위하자마자 아버지 왕욱을 효목대왕(孝穆大王)으로 추존하며 묘호(廟號)는 안종(安宗)이라 칭했다. 왕욱은 자기 아들 왕순을 왕위에 올리는 데 성공했고 자신도 죽어서라도 왕이 된 것이다.

현종은 두 명의 여인을 왕후로 삼았는데, 모두 성종의 딸들이었다. 성종의 딸들을 왕후로 맞는 것은 정치적인 안정을 위하여 매우 필요한 일이었다. 그런데 둘의 성이 달랐다. 한 명은 김씨였고 다른 한 명은 최씨였다. 즉 배다른 자매였던 것이다. 왕후 김씨는 현덕왕후라고 불렸으며, 왕후 최씨는 대명왕후라고 불렸다. 현종과 왕후들의 촌수는 부계로는 5촌이고 모계로는 4촌이었다.

거란 조정

거란의 여걸 승천황태후는 1009년 12월에 사망한다. 『요사』는 승천황태후에 대해서 이렇게 기록하고 있다.

"승천황태후는 정치에 통달해서 옳은 말을 들으면 반드시 따랐다. 또한 상벌을 분명히 했기 때문에 신하들은 모두 그녀에게 충성을 바쳤다. 그로 인해 거란은 강대한 나라가 되었다."

승천황태후는 뛰어난 인재들인 한덕양, 야율휴가, 야율사진, 소배압, 소손녕 등을 발탁하여 그들을 잘 활용했다. 이들이 승천황태후와 함께 거란을 발전시킨 것이다. 승천황태후의 인재 활용 능력이 거란을 중흥으로 이끈 비법이었다.

강조의 정변이 거란에 알려지자 그 이듬해인 1010년 5월, 거란 황제 야율융서는 고려 정벌을 결정한다.

"고려에서 강조가 그 왕을 살해하고 왕순을 왕위에 올렸으니 이것은 대역죄이다. 곧 군대를 출동시켜 그 죄를 물을 것이다!"

야율융서는 982년에 황제에 올라 벌써 28년간 황위에 있었다. 그러나 실제 권력은 어머니 승천황태후에게 있었다. 승천황태후가 사망하자 드디어 황제의 권력을 행사할 수 있게 된 것이다. 고려에서 일어난 일은 내부적인 문제였다. 굳이 고려를 공격할 필요는 없었으나 야율융서는 승천황태후처럼 전공을 세우고 싶어 했다.

고려 정벌이 무리하고 무의미한 일이었으므로 반대하는 의견도 많았다. 거란 관리인 소적렬(蕭敵烈)은 이렇게 말하며 절충안을 내놓는다.

"국가가 매년 정벌을 하고 있어 군사들이 피로하여 사기가 떨어져 있습니다. 또한 흉년까지 들었습니다. 고려는 섬에 있는 작은 나라이나 성과 보루가 완전하고 튼튼합니다. 승리하여도 무공을 쌓는 것이 아니고 만일 패한다면 후회를 남길까 두렵습니다. 일단 사신을 보내어 그 까닭을 묻는 것이 낫습니다. 저들이 죄를 인정하고 복종한다면 그대로 두고, 그렇지 아니하면 풍년이 들기를 기다려서 거병해도 늦지 않습니다."[53]

재미있는 점은 압록강 때문인지 소적렬은 고려를 섬으로 생각하고 있다는 것이다. 고려의 성과 보루가 대단하다는 것은, 송나라 사신으로 1123년에 고려를 방문한 서긍도 『고려도경』에 비슷한 기록을 남기고 있다.

『선화봉사고려도경』 제3권/ 성읍(城邑) 중에
높은 성벽과 담을 쌓았으니, 그들의 경계에 들어가면 성곽들이 우뚝우뚝하여 실로 쉽사리 업신여길 수 없다.

야율융서는 여러 신하의 반대에도 전국에 조서를 내린다.
"갑옷과 무기를 수선하여 고려 정벌에 대비하라!"
고려 조정에서는 여러 차례 거란에 사신을 보내 전쟁을 막으려고 했다. 그러나 야율융서는 고려에서 보낸 사신들을 모두 억류했다.

송나라 조정

1010년, 송나라에 첩보가 들어온다. 거란군이 1009년에 일어난 '강조의 정변'을 빌미로 고려를 침공하려 한다는 내용이었다. 송나라는 이 사태를 맞아 대비책을 세우게 된다.

송나라 황제 진종이 재상 왕단 등에게 물었다.

"거란이 고려를 정벌한다는데, 만일 고려가 어려운 지경에 빠져서 우리에게 귀순하려고 하거나 원군을 요청하면 어떻게 해야 하오?"

왕단이 말했다.

"당연히 크게 보아 생각해야 합니다. 거란과는 얼마 전 군은 맹약을 맺었습니다. 그러나 고려의 조공은 여러 해에 걸쳐 오지 않았습니다."

진종이 고개를 끄덕이며 동의했다.

"경의 말이 맞소."

그리고 이렇게 지시했다.

"등주(登州)의 시기욱(侍其旭)에게 일러두도록 하라. 만일 고려 사신이 와서 원군을 요청하면, 여러 해 동안 조공이 오지 않았다는 것을 말하고 조정에 오지 못하게 하라. 만일 귀순하는 자가 있으면 다만 살 수 있게 구원하고 굳이 보고할 필요는 없다."[54]

거란군은 당시 천하 최강의 군대였다. 거란의 침공으로 송나라는 수도를 옮길 위기에 처하기도 했었다. 따라서 송나라 조정에서는 고려가 위태로운 지경에 빠질 것이라 예상한 것이었다.

진종은 고려 사신을 송나라 수도인 개봉에 오지 못하게 하고 심지어 보고하지도 말라고 했다. 당시 송나라와 거란은 정기적으로 사신이 오갔다. 혹시라도 거란에서 알게 될까 봐 겁내고 있었던 것이다.

거란, 40만 대군으로 고려를 침공하다(1010년 11월)

거란 황제 야율융서가 직접 고려로 왔으나 군대의 지휘는 소배압을 총사령관인 도통(都統)에 임명하여 일임했다. 소배압의 나이는 당시 50대 후반으로 추정되며, 야율휴가와 야율사진 이후에 거란 최고의 명장이었다. 이때 70세의 한덕양도 거란 황제를 보좌하여 같이 고려로 왔다.

고려 역시 강조가 총사령관인 도통(都統)이 되어 군사 30만을 거느리고 통주(通州)[55]로 가서 거란의 침입에 대비했다.

※고려군의 편성

1. 행영도통사 - 강조. 부도통-이현운

2. 행영도병마사 - 상장군 안소광

3. 중군병마사 - 예빈경 박충숙

4. 좌군병마사 - 소부감 최현민

5. 우군병마사 - 형부시랑 이방

6. 통군사 - 형부상서 최사위

거란군은 정말 40만 대군이었을까?

거란군의 최소 구성단위는 세 명이었다. 정규 군사 1명에 보조 인력으로 타초곡기(打草谷騎), 수영포가정(守營鋪家丁) 각 1명이 딸렸다.

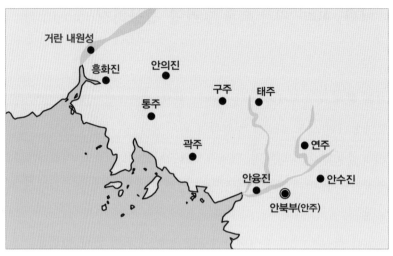

서북면 주요 성곽 표시

타초곡기는 주로 약탈을 담당하며 보급을 책임졌다. 수영포가정은 진을 지키고 음식을 하며, 갖가지 잡일을 담당했다. 만일 정예병 10만이라고 하면, 실제 인원은 보조 인력을 합쳐 30만에 달하는 것이다.

따라서 거란 황제 야율융서의 40만 대군은, 정규 군사가 40만이 되지는 않았겠지만 총인원은 얼추 그 정도 숫자가 되었을 것이다.

무성(武成) 양규(楊規), 흥화진에 주둔하다

고려의 방패인 서북면을 책임지는 사람은 서북면도순검사(都巡檢使) 양규였다. 양규는 안악군(황해도 안악군) 사람으로 자세한 인적 사항은 전해지지 않는다. 고려 조정에서 거란의 대규모 침공에 맞서 양규를 서북면도순검사로 임명했다는 것은 곧 그의 군사적 재능을 높이 평가하고 있었다는 뜻이다.

양규는 고려 시대 내내 구국의 영웅으로 추앙받는다. 그리고 조선 초에는 무성(武成)으로 모셔진다.

『조선왕조실록』 1450년(문종 즉위년) 10월 10일

"읍성(邑城)과 산성(山城)은 무너져 있습니다. 만약 고려 현종(顯宗) 때처럼 거란군과 같은 외적이 대규모로 침공해 오면, 부인(婦人)과 어린 아이들은 어디에다 두겠습니까? 이러한 때를 당하여 양규(楊規)와 같은 장수가 군사를 잘 운용했는데, 장차 그러한 일을 할 수 없을 것입니다."

『조선왕조실록』 1456년(세조2년) 3월 28일

"무성묘(武成廟)를 세워서 신라의 김유신(金庾信), 고구려의 을지문덕(乙支文德), 고려의 유금필(庾黔弼)·강감찬(姜邯贊)·양규(楊規)·윤관(尹瓘) 등을 배향하게 하소서."

거란이 40만의 대군으로 고려를 침공하자, 서북면도순검사 양규는 흥화진으로 들어간다. 흥화진은 당시 고려 최북단의 성이었다.

양규는 흥화진사(興化鎭使) 정성(鄭成)과 흥화진부사(興化鎭副使) 이수화(李守和) 등과 함께 40만 거란군에 맞서 농성전에 들어갔다.

당시 서북면 성곽에 주둔하고 있는 고려군 병력은 크게 두 가지 병종으로 편성되어 있었다. 행군(行軍)과 백정(白丁)이었다. 행군은 정예 군사들이었고 백정은 보조 인력이었다.

남아 있는 기록이 없기에 양규가 거느린 병력의 규모를 자세히 알 수는 없다. 다만 『고려사』를 보고 추정해보면, 흥화진에 상시 주둔해 있는 병력은 행군이 2,000명 정도, 백정이 1,000명 정도였을 것으로 보인다. 거기에 흥화진이 최전선이었으므로 약간의 추가적인 병력증원이 있었을 것이다. 양규가 흥화진에서 거느린 병력을 4천~5천 명 정도로 추정하는 배경이다.

고려에서는 이번 거란군의 침공에 대비해서 세 가지 작전을 준비해놓고 있었다.

서북면도순검사 양규가 흥화진의 성벽 위에서 거란군을 보고 있다.

거란군이 11월 초 압록강을 건너, 11월 16일 흥화진을 포위한다. 그러자 고려군은 첫 번째 작전을 실행했다. 바로 구주 내륙으로 우회하여 압록강을 도강하는 거란군의 측면을 치는 것이었다. 이 작전은 통군사 최사위가 이끌었다.

11월 17일, 통군사 최사위는 군사를 나누어 구주 북쪽의 세 길로 나가서 압록강을 도강하는 거란군을 공격했다. 때를 노린 기습이었고 이 작전이 성공했다면 전쟁은 그대로 끝났을 것이다. 그러나 아쉽게도 실패하고 만다. 고려군의 패배였으나 다행히 피해는 경미했다. 고려군은 두 번째 작전을 준비한다.

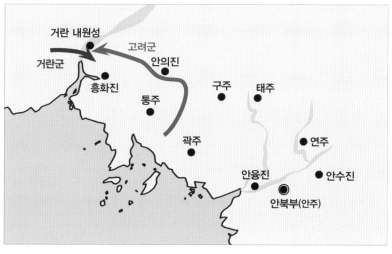

최사위의 작전

너희 처자식들까지 모조리 죽일 것이다

고려군을 물리치자 거란 황제 야율융서는 포로로 잡힌 고려인 남녀를 통해 홍화진으로 편지를 보냈다.

"역적 강조가 임금을 시해하고 어린아이를 왕으로 세웠기 때문에, 짐이 친히 정예군을 거느리고 그 죄를 묻고자 온 것이다. 너희들이 강조를 체포하여 짐에게 보내면 그 즉시 회군하겠지만, 그렇지 않으면 바로 개경으로 쳐들어가 너희 처자식들까지 모조리 죽일 것이다."

위협하는 편지가 홍화진 지휘부에 전달되었지만 양규는 대응하지 않았다. 홍화진에서 아무런 답장이 없자, 화살에 또 다른 편지를 매어 쏘아 보냈다.

"홍화진의 장졸과 백성들에게 명령을 내린다. 역적 강조에게 협박을 당해 어쩔 수 없이 따른 사람들은 모두 용서해줄 것이다."

두 번째 편지가 도착하자, 홍화진부사 이수화가 답장을 써서 보냈다.

"임금을 섬기는 사람이라면 모름지기 절조를 굳게 가져야 할 것이니, 만약 이 도리를 어기면 반드시 재앙을 받을 것입니다. 폐하께서는 이 마음을 밝게 살펴주소서. 폐하께서 회군하신다면, 고려의 용맹스러운 군사들은 저절로 탄복할 것입니다."

이수화의 편지는 겉으로 매우 공손해 보였으나 내용은 야율융서를 타이르고 있는 것이었다.

야율융서는 비단과 은그릇 등을 홍화진의 장수들에게 보내며 다시 편지를 부쳤다.

"그대들이 올린 표문을 모두 살펴보았다. 짐은 온 천하를 다스리고 있는 바, 충성하면 표창해주고 반역하면 반드시 정벌하여 제거했다. 그런데 올린 글을 보아하니 귀순하겠다는 정성은 도무지 찾아볼 수 없다. 마땅히 미리 화와 복을 분별해야 할 것이다."

이수화가 다시 답장을 지었다.

"우리는 어떤 고난이라도 이겨내면서 백성들의 마음을 안정시킬 것이며, 분골쇄신하여 천 년의 성스러운 왕업을 길이 받들 것입니다."

답장을 받은 야율융서는 홍화진의 장졸들이 항복할 의사가 없음을 알게 되었다. 수십만의 군사가 외로운 성 하나를 감싸고 있는데 그들의 심지는 굳건했다.

그때 소배압이 야율융서에게 보고했다.

"고려군 주력이 통주 근처 삼수채에 주둔 중입니다!"

야율융서는 바로 남하를 결정했다. 홍화진을 공격하여 함락시키는 것이 여의치 않은 데다가, 고려의 주력군이 평야에 진을 치고 있다면 그들을 상대하는 것이 훨씬 수월할 것이다. 6일 만에 홍화진의 포위를 풀고 남하하며 다시 홍화진에 편지를 보냈다.

"너희들은 백성을 위안하며 기다려라. 짐이 20만의 군사를 무로대 (無老臺: 평안북도 신의주 부근)에 주둔해놓고, 또 다른 20만의 군사를 거느리고 친히 통주로 남하할 것이다."

무로대는 압록강을 넘어서 설치한 거란군의 전진기지였다. 홍화진을 함락시키지 못했기 때문에 홍화진의 고려군을 견제할 병력을 두고 남하한 것이다.

무적의 검차진

강조는 통주성 앞 삼수채에 있었다. 삼수채는 청강을 비롯한 하천들이 서해로 흘러 들어가며 벌판을 만들고 있는 곳이었다. 이곳은 하천들이 모여들고 땅이 질퍽해서 평시에는 대군이 진을 칠 수 없는 곳이었다. 그러나 지금은 겨울이라 하천과 땅이 모두 얼어 단단했다.

이곳에서 군대를 셋으로 나누어 진을 쳤다. 자신이 이끄는 주력군은 두 강이 만나는 삼수채에 포진했고, 또 다른 부대는 주력군 바로 뒤에서 유군(遊軍)[56]으로 움직이고, 또 하나는 통주성 동쪽에서 후방지원 하도록 했다. 거기에 통주성이 든든하게 버티고 있었다. 고려군의 포진은 완벽 그 자체였다.

그리고 고려군은 결정적인 무기를 장착하고 있었다. 그것은 검차(劍車)라고 불리는 수레였다. 검차는 수레에 창이나 칼을 꽂아 방어력을 높인 무기였다. 이 수레가 연결되면 마치 성곽과 같은 효과를 발휘한다. 검차는 기병을 상대하는 데 효과적인 무기였기 때문에 이런 수레진법은 동서양을 막론하고 보편적으로 사용되고 있었다.

강조는 검차를 앞세워 전투 대형을 갖췄다. 거란군들이 전장으로 들어오면 검차가 일제히 공격했다. 검차의 강력한 공격에 거란군은 여러 번 패해서 물러났다.[57]

얼어붙은 청강. 고려군 포진도와 거란군 진군로 추정,
진창이지만 얼어서 이동할 수 있었다.

고려군의 검차는 기병을 상대하는 최고의 무기였다.

거란군은 입안에 들어 온 음식과 같으니

검차를 연결해 만든 검차진은 '성'처럼 견고했고 '창'처럼 날카로웠다. 말은 검차를 뛰어넘을 수는 없었고 거란 기병들은 맥없이 쓰러져 갔다.

거란군을 여러 차례 물리치게 되자, 강조는 마음에 여유를 찾을 수 있었다. 이 과정에서 강조는 점차 승리를 자신하게 되었다. 서희 때부터 오랫동안 준비된 전략이 거란군을 패배시키고 있는 것이다. 강조는 사람들과 바둑을 두며 곧 있을 완벽한 승리를 기다렸다.

그러나 거란군은 천하최강의 군대였다. 거란의 선봉장 야율분노(耶律盆奴)가 우피실군상온(右皮室軍詳穩) 야율적로(耶律敵魯)를 거느리고 삼수채의 방어선을 돌파했다.

말이 검차를 넘을 수는 없다. 따라서 이때 야율분노가 이끄는 거란군은 중장갑으로 무장한 보병이었을 것이다. 보병들이 마치 성을 오르듯이 검차진을 넘은 것이다. 이들은 전속력으로 오직 하나의 목표를 향해 돌진했다. 고려군 지휘부였다.

거란군이 검차진 안으로 들어온 사실은 즉시 강조에게 보고되었다. 강조가 여유롭게 말했다.

"입안에 들어 온 음식처럼 적으면 오히려 좋지 않으니 많이 들어오게 놔두라!"

강조는 거란군 소수가 진영 안으로 들어왔다고 판단했다. 그러나 거란군의 속도는 비할 데 없이 빨랐다. 검차진의 균열이 생기자 거란군은 그 균열로 쏟아지듯이 들어왔다. 그리고 일단의 거란군이 바람같이 움직여서 강조의 막사를 급습했다. 결국 강조와 이현운을 사로잡는 데 성공한다.

이때 총사령관인 강조는 사로잡혔지만 고려군의 전력은 아직 건재한 상태였다. 상황을 수습할 수 있다면 아직 패한 것이 아니었다. 그렇지만 총사령관이 사로잡히는 것을 본 고려군들은 그대로 무너진다.[58]

완항령(緩項嶺)

강조가 이끄는 본진이 궤멸되자, 고려군들은 눈앞에 보이는 길로 본능적으로 내달렸다. 그나마 통주성 가까운 곳에 있던 고려군들은 통주성으로 들어갈 수 있었지만, 나머지는 남쪽을 향해 죽음의 질주를 해야 했다. 거란군들은 그런 고려군들의 뒤를 쫓으며 도륙했다.

특히 많은 고려군이 주도로를 따라 남쪽의 곽주를 향해 도망갔다. 통주에서 곽주로 가는 도로는 고려군의 시체와 장비들로 뒤덮이기 시작했다. 전투에서 대부분의 인명 사상은 맞붙어 싸우는 중에 생기는 것이 아니라 어느 한 편의 진세가 무너져서 군사들이 진을 이탈하여 도주하는 와중에 생긴다. 이대로 가면 고려군은 궤멸할 터였다.

통주와 곽주 사이에는 완항령이라는 큰 고개가 있었다. 그 고개에 일단의 군사들이 매복하고 있었다. 좌·우기군(左右奇軍)의 장군 김훈

(金訓), 이원(李元), 신녕한(申寧漢), 김계부(金繼夫) 등이 이끄는 고려군
들이었다.

　기군(奇軍)은 전체 병력에서 가려 뽑은 정예 군사들이었다. 이들은
강조의 본대 뒤에서 유격대로 대기하고 있었던 것으로 보인다. 그래
서 전력을 보존하고 있었다. 이들은 곽주 쪽으로 후퇴하다가 완항령
에 매복했다. 고려군들은 몇 시간 째 도망가는 중에 있었고 이제 체
력은 완전히 방전될 것이었다. 적을 멈추어 세우지 못하면 아군은 궤
멸할 것이다.

　좌·우기군들은 거란군들이 완항령에 접어들자 창과 칼 같은 단병
기를 빼어들고 거란군에 돌격했다.

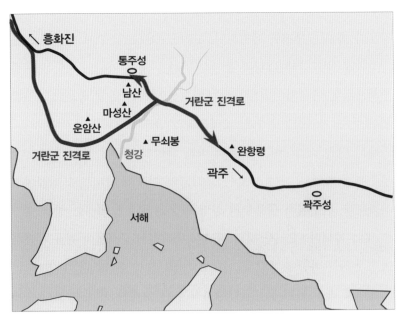

완항령(통주와 곽주 사이의 고개)

"거란군을 막아라!"

결국 이들은 완항령에서 거란군의 추격을 저지하는 데 성공했다. 고려군 주력이 삼수채에서 패해 많은 인명피해가 발생했으나 이들의 분전으로 고려군의 궤멸을 막을 수 있었다.

나는 고려인이다!

강조가 결박당한 채로 야율융서 앞으로 끌려왔다. 야율융서는 결박을 풀어주며 강조에게 물었다.

"너는 내 신하가 되겠느냐?"

강조의 정변은 이번 전쟁의 명분이었다. 그런데 야율융서는 강조에게 자신의 신하가 되기를 권유하고 있었다. 거란에서는 능력이 있다면 누구든 등용했다. 포로 역시 예외가 아니었다. 거란 제국을 뒷받침하고 있는 한족 관리들 상당수가 포로 출신이었다.

또한 강조는 고려의 실질적인 일인자였다. 강조가 자신의 신하가 된다면 고려를 수중에 넣은 것과 마찬가지였다. 그러나 강조는 결연했다.

"나는 고려 사람이다! 어찌 너의 신하가 되겠는가!"

강조는 정변을 일으켜 목종을 시해했다. 그는 비록 자신의 왕을 시해했으나 조국을 배신한 변절자로 남기를 원하지 않았다. 야율융서가 재차 물었으나 강조의 대답은 한결같았다. 야율융서가 주위에 눈짓을 했다. 그러자 거란 군사 하나가 강조를 고문하기 시작했다. 칼로 강조의 살을 서서히 발라내는 것이었다. 고문을 가한 뒤에 다시 물어도 강조의 대답은 처음과 같았다.

"나는 고려 사람이다! 어찌 너의 신하가 되겠는가!"

강조가 굳건하자 야율융서는 이현운에게 물었다.

"너는 내 신하가 되겠는가?"

이현운이 답했다.

"제 두 눈은 이미 새로운 해와 달을 보았습니다. 이제 한마음으로 섬길 뿐 어찌 옛일을 기억하겠습니까?"

삶과 죽음의 갈림길에서 이현운은 거란의 신하가 되는 삶을 택했다.

강조가 크게 노하며 이현운을 발로 차며 말했다.

"너는 고려 사람으로 어찌 이와 같이 말하는가?"

강조의 마음을 돌릴 수 없다는 것을 알게 된 야율융서는 마침내 강조를 처형했다. 강조가 정변을 일으킨 지 2년이 채 되지 않은 시점이었다.

강조는 고려 조정에서 문무의 재능을 인정받고 있었다. 특히 목종은 강조를 매우 총애하여 중추사 겸 우상시로 임명했다. 즉 목종의 최측근이었던 것이다. 강조가 군이 정변을 일으킬 이유는 없었다. 외부의 사정이 그렇게 하도록 강제했던 것이다. 강조의 운명은 얄궂었다. 목종이 가장 총애하는 신하가 어쩔 수 없이 목종을 죽이게 되고, 다시 거란군에 패하여 역사에 반역자로 기록된 것이었다.

이렇듯 삼수채 패전의 결과 고려군 총사령관 강조는 처형당했고 많은 수의 고려 장수들이 전사하거나 사로잡혔다. 이때 고려군은 3만여 명의 인명피해를 보았다. 많은 피해였으나 그래도 궤멸적 피해는 아니었다. 좌·우기군이 완항령에서 반격을 가해 거란군을 멈춰 세웠기 때문이다. 고려는 큰 피해를 입었지만 어느 정도 전력을 보존할 수 있었고, 어려운 상황이었지만 다음 작전을 실행할 수 있었다.

강조의 명을 거부한 양규

야율융서는 고려군의 주력을 패배시키고 강조를 사로잡은 뒤 강조의 편지를 위조하여 흥화진에 보내 항복을 설득했다. 그러나 양규는 이렇게 말하며 단호히 거부했다.

"나는 왕명을 받고 왔다! 따라서 강조의 명령은 받지 않겠다."

양규의 관직은 서북면도순검사, 즉 서북면의 방어선을 총괄하는 자리였다. 그 임무는 서북면의 방어선을 단단히 지키는 것이었고 양규는 어떠한 상황에서도 자신의 임무를 다하고자 마음먹고 있었다.

또한 야율융서는 고려인 포로 노전(盧戩)과 거란 관료 마수(馬壽)를 통주성으로 보내 항복을 권유했다. 삼수채 전투는 통주성 바로 앞에서 행해졌다. 통주성의 군민들은 그 전투를 목격했기 때문에 두려움에 떨고 있었다. 노전과 마수가 도착하자, 성안의 사람들은 어찌할 바를 몰랐다. 항전과 항복 사이에서 의견의 충돌이 있었다.

이때 중랑장 최질과 이홍숙[59]이 나서서 분위기를 다잡는다.

"우리에게는 항전밖에 없습니다!"

노전과 마수를 억류하고 항전할 것을 강하게 주장했던 것이다. 이에 방어사 이원구는 항전을 결정했다. 거란군은 결국 통주성을 함락시키지 못했다.

거란 측에서는 강조를 벌한다는 전쟁의 명분을 달성했다. 명분을 달성했으니 이제 회군하면 된다. 그러나 거란군은 회군하지 않고 흥화진과 통주성에 항복하라고 요구했다. 강조를 벌한다는 것은 명분에 불과했고 진정한 목표는 고려를 완전히 정벌하는 것이었다.

그런데 흥화진과 통주성은 항복을 거부했다. 고려의 주력군을 격파시켰으나 고려 땅은 한 치도 차지하지 못한 것이었다. 후미에 적이 남아 있는 상황에서는 일반적으로 회군하는 것이 옳은 결정이었다. 그러나 거란군은 대담하게도 다시 남쪽으로 진군했다. 역시 기동력의 거란군이었다. 놀랄 만한 빠르기와 대담성으로 상대의 진영 깊숙한 곳까지 공격하는 것이다. 이것은 매우 위험한 전략이지만 기동력이 뒷받침된다면 매우 효과적인 전술이기도 했다. 이 전술로 발해를 멸망시켰고 송나라를 굴복시켰던 것이다.

파죽지세 거란에 맞선 고려의 마지막 작전

곽주성은 능한산(凌漢山)에 자리 잡고 있었다. 능한산은 동북쪽이 산맥과 연결되어 있으나 평지 가운데 솟구친 독립된 산에 가까웠다. 따라서 흥화진과 통주성보다 접근성이 한층 용이했다.

거란군은 남하하여 곽주를 공격한다. 곽주를 공격하기 전에 역시 항복하라는 서신을 보냈겠지만 고려인들은 곽주성에서 방비를 단단히 했다. 곽주성 안에는 완항령에서 거란군을 공격했던 좌·우기군 장군 신녕한도 있었다.

만일 곽주성이 지켜진다면 거란군은 더는 남하하지 못할 것이다. 아무리 기동력의 거란군이더라도 흥화진, 통주성, 곽주성을 배후에 연이어 남겨놓고 무작정 깊숙이 들어가는 것은 너무 위험한 일이었다.

그런데 거란군의 공격이 시작되자 곽주 방어를 책임진 방어사 조성유가 야밤에 도주하고 만다. 조성유의 도망에도 불구하고 신녕한을 비롯한 고려인들은 거란군에 강렬히 저항했다. 그러나 안타깝게도 곽주성은 결국 함락되고 신녕한을 비롯한 다수의 고려군 장수들이 전사한다.

곽주를 함락시킨 거란군은 6천여 명을 잔류시켜 성을 수비하게 하고 다시 남하했다. 이제 중간 기지를 확보한 거란군에게 거칠 것은 없었다. 다음 목표는 안북부였다.

안북부는 안북대도호부(安北大都護府)가 공식 명칭이었다. 대도호부라는 명칭에서 알 수 있듯이 교통의 요지이자 서북면 방어선의 구심점이었다. 따라서 공격이나 방어 시에 고려의 군대가 모이는 기점이었다. 소손녕의 침공(993년) 때, 서희가 이끄는 고려군 주력이 주둔한 곳이었다.

곽주가 지켜졌다면 더할 나위 없이 좋았겠지만, 안북부만 지켜내면 역시 거란군의 남하는 거기서 끝날 수 있었다. 혹은 안북부를 지켜내지 못하더라도 열흘 정도만 시간을 끌어주면 날짜는 음력으로 12월 말에 가깝게 된다. 양력으로 환산하면 1월 말. 날씨는 점차 풀려 강물이 녹을 것이고 거란군이 진군하는 것도 어려워진다.

삼수채에서 패한 병력 중 상당수가 안북부로 향했고 안북부에는 각종 물자가 충분히 비축되어 있다. 지휘관의 의지만 있다면 안북부는 열흘 이상 충분히 버틸 수 있는 힘이 있는 성이었다.

그러나 곽주를 함락시킨 거란군들이 이틀 후 청천강까지 이르자, 안북부를 지키고 있던 안북도호부사(安北都護府使) 박섬(朴暹)은 몰래 성을 버리고 도망가고 말았다. 박섬이 도망치자 성안의 군사들과 주민들 역시 모두 사방으로 흩어졌다.

거란 황제 야율융서와 소배압은 곽주를 함락시키고 안북부에 무혈 입성하자 자신들의 작전이 성공을 거두었다고 생각하고 남하를 계속했다. 연이어 안북부 남쪽의 숙주(肅州: 평안남도 숙천군)마저 점령했다. 고려의 방어선은 붕괴되고 있었다. 이제 다음은 서경, 즉 평양이었다.

야율융서는 삼수채에 포로로 잡았던 고려인 노이(盧顗)와 거란 관료 유경(劉經)을 서경으로 보내 항복을 권유했다. 서경부유수(副留守) 원종석(元宗奭)은 관료들과 협의하여 항복을 결정했다. 서경의 지휘부는 거란의 위협에 굴복했던 것이다.

태조 왕건은 버려졌던 평양을 재건하여 서경으로 격상시키고 고려 제2의 수도로 삼았다. 그리고 서경을 거점으로 북방을 개척했다. 또한 서희는 서경을 중심으로 한 방어 전략을 만들었다. 서경이 무너진다면 고려의 방어선이 무너지는 것이었다. 고려의 주력군이 패한

거란군 진격 지도. 곽주, 안주, 숙주가 거란군 수중에 들어가고,
거란군은 서경까지 왔다.

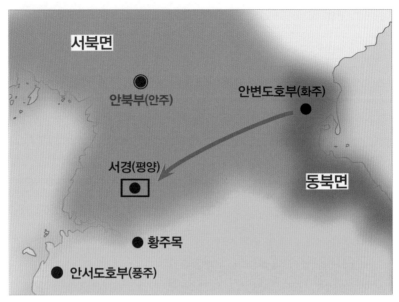

동북면 군사들이 서경으로 이동했다.

상태에서 방어선마저 무너지면 고려라는 나라 역시 무너지게 될 터였다.

거란군의 침공이 예견되자, 고려는 세 가지 방어계획을 준비한다.

첫 번째는 압록강에서 도강하는 거란군을 기습하는 작전이었다.

두 번째는 통주 근처 삼수채에서 거란군과 일대 회전을 벌이는 것이었다. 앞의 두 작전은 비록 실패했지만 고려에는 아직 마지막 작전이 남아 있었다.

마지막 세 번째는 동북면에서 군사를 차출하여 서경을 구원하는 것이었다. 이 계획에 따라 1010년 12월, 동북면도순검사 탁사정과 중랑장 지채문은 3천여 명의 동북면의 군사를 이끌고 서경으로 들어갔다. 탁사정과 지채문은 항복을 결정했던 서경부유수 원종석 등 서경 지휘부를 일소하고, 서경에 온 노의와 유경을 베어버림으로써 항전의 결의를 다졌다.

지채문, 연이어 승전을 거두다!

서경으로 보냈던 노의와 유경이 제시간에 돌아오지 않자, 거란 성종은 합문인진사(閤門引進使) 한기(韓杞)로 하여금 돌기(突騎) 200기를 거느리고 서경 북문으로 가게 하였다. '돌기'는 중무장한 기병을 말한다. 한기는 '전연의 맹'에서 활약했던, 오렌지와 귤을 구별할 줄 몰랐던 그 사람이다.

서경 북문 앞에 도착한 한기가 호기롭게 호통을 쳤다.

"황제께서 노의와 유경으로 하여금 조서를 보내어 알아듣게 타일렀는데, 어찌하여 지금까지 소식이 없는가? 만약 명령을 거역하지 않을 것이라면, 서경의 관료들은 나의 지시를 듣도록 하라!"

한기의 말에 과연 성문이 열렸다. 성문에서 한 무장이 말을 타고 뛰쳐나오고 있었다. 그는 중랑장 지채문이었다. 또한 지채문의 뒤로 고려 기병들이 있었다.

지채문과 고려 기병들은 폭풍처럼 한기와 거란 기병들을 향해 돌격했다. 결국 한기와 거란 기병 100명은 전사하고 나머지 100명은 포로로 잡혔다. 최정예 고려 기병들의 실력은 중무장을 한 거란 기병을 완전히 제압할 수 있을 만큼 무시무시했다.

이때 고려 조정에서는 거란 진중에 표문을 보냈다. 현종이 직접 거란 진영으로 오겠다는 내용, 즉 항복한다는 것이었다.

거란 성종은 이 표문을 믿었다. 노획과 약탈을 금지시켰고, 마보우(馬保佑)를 개성유수(開城留守)로 삼았으며 왕팔(王八)을 부유수(副留守)로 삼았다. 그리고 태자태사 을름(乙凜)으로 하여금 기병 1,000기를 거느리고 마보우 등을 개성으로 호송하게 했다. 서경유수를 임명하지 않은 것은 항복한 서경 관료들에게 그 지위를 인정해주려는 조치였다.

을름이 거느린 거란 기병들이 서경 쪽으로 다가왔다. 고려 왕이 항복한다고 했으니 저항이 더는 없을 것이라고 판단했다. 그러나 그것은 오산이었다. 지채문은 즉시 출격하여 이들을 역시 격파했다. 연이어 승전을 거두자 지채문은 크게 자신감이 붙었다. 완항령에서 거란군을 저지했던 좌·우기군 장군 이원 역시 서경에 들어와 있었다. 지채문과 이원은 성을 나가 자혜사(慈惠寺)에 주둔했다. 단순히 서경성을 지키는 것이 아니라 서경으로 다가오는 거란군을 요격할 생각이었던 것이다.

곧 척후병이 와서 보고했다.

"적군이 안정역(安定驛)으로 와서 주둔하고 있는데, 무리가 매우 많습니다."

안정역은 서경에서 북쪽으로 20km 정도 떨어진 곳에 있었다. 지채문이 즉시 탁사정에게 보고하니, 마침내 탁사정은 출격 명령을 내렸다. 이때 승병장인 법언(法言)도 함께했다.

지채문 등은 군사 9,000명을 거느리고 북상하다가 임원역(林原驛)에서 남하하는 거란군과 조우했다. 여기서 맞붙어 싸워서 3,000여 급을 베었다. 그러나 안타깝게도 승병장 법언은 전사하고 만다.

지채문은 야전에서 거란군을 충분히 상대할 수 있다는 것을 증명하고 있었다. 다가오는 거란군을 족족 요격한다면 결국 거란대군을 물리칠 수 있을 것이다.

마탄 전투, 그리고 탁사정의 배신

마탄(馬灘)은 서경에서 동쪽으로 20km 정도 떨어진 곳에 있는 대동강의 여울이다. 말을 타고 건널 수 있을 정도로 물이 얕은 곳이었다.

임원역에서 전투를 치른 다음 날, 거란군은 서경 성벽이 보이는 거리까지 진군해왔다. 연이어 승리한 지채문은 즉시 병력을 이끌고 출진했다. 지채문의 돌격에 거란군은 패하여 동쪽으로 달아나기 시작했다.

아군이 승리를 거두고 있자, 성벽 위에서 보고 있던 고려군들의 사기가 크게 올랐다.

"우아! 우리가 이긴다!"

성안의 고려군들이 성문을 열고 다투어 나와 거란군을 추격했다. 거란군은 정신없이 도망쳤고 추격전이 계속되었다. 그런데 마탄에 이르자 거란군이 군사를 되돌렸다. 그리고 추격해오던 고려군을 공

서경 보통문과 마탄 사이 거리 약 20km

마탄

서경

대동강

마탄

격했다. 이 전법은 기동력에서 우월한 유목민들이 주로 쓰는 전법이었다. 고려군은 거란군을 추격하느라 무질서해졌을 것이고 거란군은 그것을 정확히 노린 것이었다. 마탄에서 거란군에 패한 지채문은 결국 서경으로 돌아오지 못한다.

이때 서경에는 소손녕의 침공(993년) 때 안융진을 지켜냈던 인물인 대도수(大道秀)도 있었다. 대도수가 어떤 이유로 서경성 안에 있었는지는 알 수 없다. 강조와 같이 삼수채에서 싸운 후 서경으로 퇴각해 왔을 수도 있다.

거란군은 지채문을 패배시키자 서경을 포위했다. 이때 서경의 군민들의 사기는 말이 아니었다. 최고 지휘관인 탁사정 역시 크게 흔들리고 있었다. 이때 거란 황제 야율융서는 서경 서쪽에 있는 절에 주둔해 있었는데 바로 서경 성벽에서 보이는 곳이었다.

이 모습을 보고 탁사정이 대도수에게 야간기습을 제안했다.

"그대가 동문(東門)으로, 나는 서문(西門)으로 나가 앞뒤에서 협공하면 이기지 못할 리가 없을 것이오."

이 과감한 작전에 대도수는 찬성했다. 대도수는 발해 태자 대광현의 후손으로 발해인이다. 거란에 대해서 복수심을 가지고 있었다. 또한 서경을 포위한 거란군의 형세를 보고 지키고만 있어서는 승산이 없다고 판단했을 것이다.

어둠을 틈타 대도수는 동문으로 나왔다. 그리고 휘하 군사들을 이끌고 거란군을 맹렬히 공격했다. 그러나 탁사정은 거란군을 공격할 생각이 없었다. 대도수가 분전을 벌이는 동안 그는 성을 나와 동쪽으로 도주했다.[60] 대도수는 탁사정이 오지 않자 비로소 속은 것을 알

왔다.

결국 대도수는 거란군에 사로잡히고 만다. 이후 대도수의 행적은 알 수가 없다. 그런데 여기서 사로잡힌 발해인들은 거란으로 끌려가 영주(寧州)라는 곳에 정착하게 된다. 그들의 선조는 거란을 피해 고려로 왔는데, 다시 그 후손들이 거란군에게 사로잡혀 고향 땅으로 돌아간 것이다.

위기에 빠진 고려에 두 명장이 등장하다

서경 방어를 책임진 여러 장수가 전사하거나 도망가자, 성안의 민심은 극도로 흉흉해졌다. 지휘부가 모두 사라진 서경은 다시금 큰 위기에 놓인다.

고려의 주력군이 무너진 상태에서 북방 방어선의 거점인 서경마저 거란군에 넘어가면, 흥화진, 통주성, 구주성 등은 고립된다. 고려의 방어선이 붕괴할 위험에 처하는 것이고, 서경이라는 도시 하나가 아니라 고려라는 나라 자체가 위험해지는 것이다.

서경에 고위급 관료는 전무했으며 병력은 부족했고 특히 서경의 민심은 최악의 상황이었다. 지채문의 승전으로 일말의 희망을 가졌던 서경과 고려는 다시 큰 위기에 빠졌다.

이 절체절명의 위기의 순간, 중하급의 관료인 통군녹사 조원(趙元)과 애수진장 강민첨(姜民瞻), 낭장 홍협(洪叶)과 방휴(方休)가 나선다.

만일 정상적인 상황이었다면 중하급에 해당하는 관료들이 전면에 나설 일은 없었을 것이다.

조원은 1007년에 과거에 급제했으며, 통군녹사는 통군부에 소속된 문관 7품 관리였다. 통군부는 거란의 침공에 대비해 설치된 비상설기구로 군대 행정을 총괄하는 일을 했을 것으로 추정된다. 이 통군부의 수장이 최사위였다. 조원은 최사위와 더불어 압록강 전투와 삼수채 전투에 참전한 후, 서경으로 들어왔을 것이다.

강민첨은 1005년에 과거에 급제했으며 애수진(隘守鎭)의 진장이었는데 역시 문관 7품 관리였다. 애수진은 동북면에 있는 진(鎭)이므로, 강민첨은 동북면의 지원군으로 탁사정, 지채문 등과 함께 서경으로 왔을 것이다. 『고려사』 기록에 의하면, 강민첨은 무술을 잘하지는 못했지만 굳세고 과감한 의기의 소유자였다고 한다. 홍협과 방휴의 계급은 낭장이었는데 무관 6품직으로 현대로 따지면 소령 정도 되는 계급이었다.

최고 지휘관인 탁사정이 도주하자 남아 있는 관리들이 받은 충격은 엄청났다. 조원이 단호한 표정으로 말했다.

"서경이 없으면 고려도 없습니다."

강민첨 역시 굳은 어조로 말했다.

"지휘의 요체는 굳은 기개와 과단성에 있습니다. 서경의 상황이 좋지 않지만, 지휘관이 강한 마음을 가진다면 군민들은 따를 것입니다."

조원이 심각하게 말한다.

"우리는 모두 중하급의 관료에 불과하니 서경민들이 우리를 따르

위 그림은 고구려 동명왕 신사를 상상해서 그린 것이다. 동명왕 신사에는 쇠사슬 갑옷과 날카로운 창이 있었는데, 위기가 닥치면 미녀를 꾸며 여신으로 삼았다고 한다. 그리고 무당이 이렇게 외쳤다. "주몽께서 기뻐하시니 성은 반드시 온전할 것이다."[61]

지 않을까 우려됩니다."

이들은 신사(神祠)를 찾아갔다. 신사는 신을 모신 사당인데, 서경에는 고구려 시조인 동명왕의 신사를 비롯해 유명한 곳이 몇 군데 있었다.

신사에 가서 점을 쳤고 결국 성을 지킬 수 있다는 점괘를 받는다. 점을 친 이유는 민심을 달래기 위해서였다. 따라서 좋은 점괘는 신이 내린 것이 아니라 이들이 의도적으로 조작한 것으로 보인다.

그리고 조원을 병마사로 추대했다. 병마사는 위기 시에 중앙 정부에서 파견하는 군사 지휘관이었다.

곧 거란군은 끊임없이 밀려드는 파도처럼 공격해왔다. 조원과 강민첨은 서경의 군민들을 지휘하여 거란군의 파상공세를 막아냈다.

이들이 거란군을 상대하여 서경을 방어하고 있을 때, 『고려사』에 다음과 같은 일이 기록된다.

1010년 12월 계해일. 서경신사(西京神祠)에 회오리바람이 갑자기 일어나 거란군을 모조리 쓸어버렸다.

그런데 현실적으로 신사에서 바람이 일어나 군마를 쓰러뜨릴 수는

조원과 강민첨이 성 밖으로 나가 거란군을 몰살시키고 있다.

없으니, 서경의 고려군이 성 밖을 나가 거란군을 습격한 일을 이런 식으로 신비하게 포장한 것일 수도 있겠다. 추정컨대, 조원과 강민첨은 다양한 방식으로 신사를 이용하여 민심을 다독였다.

흥화진 대장대

조원과 강민첨 등이 서경성을 지키고 있었으나, 거란군의 포위 공격이 오래간다면 서경의 운명은 장담할 수 없었다. 서경성 안의 병력이 많지 않은 데다가 밖에서 도와줄 구원군은 전혀 없었기 때문이었다.

그때, 절체절명의 위기에 빠진 고려를 구하기 위해, 한 사람이 움직이기 시작한다.

서북면도순검사 양규가 심각한 표정으로 지도를 보고 있었다. 흥화진사 정성이 양규를 보며 무거운 말투로 말했다.

"정말 하려고 하십니까?"

양규가 고개를 끄덕였다. 정성이 어두운 표정으로 다시 말했다.

"지금까지 그런 군사행동이 성공한 예가 없습니다."

양규가 큰 숨을 내쉬며 말했다.

"삼수채에서 아군의 주력군은 패했고 곽주와 안북부는 거란군에 함락되었소. 그렇다면 숙주는 말할 것도 없고 서경 역시 위험하오."

정성이 말했다.

"동북면의 구원군이 제때 도착하면 서경을 지켜낼 수 있을 것입니다."

"진사도 거란군의 규모를 보지 않았소. 거란군이 제대로 공격하면 평지에 있는 서경성은 버티기 힘들 것이오."

양규의 말에 정성이 어두운 표정을 지었다. 양규가 단호히 말했다.

"지금이 우리가 국가를 위해 나서야 할 때이오!"

양규의 말대로 고려의 방어선은 붕괴하는 중이었다. 마지막 희망은 동북면의 구원군이 서경으로 제시간에 이동하여 서경 방어에 힘을 보태는 것이었다. 그러나 지채문은 패하고 탁사정은 도망가고 말았다.

큰 유성(流星)이 곽두에 떨어지다

1010년 12월 16일, 이날 『고려사』에 의하면, 큰 유성이 곽주성 근처에 떨어졌다고 한다.

이때 흥화진의 성문이 열렸다. 양규와 그가 이끄는 7백여 명의 결사대였다. 이들은 전속력으로 통주를 향해 남하했다. 통주는 흥화진에서 직선거리로 25km, 당시 도로 사정을 감안하면 40km가 넘는 길이었다. 이 길을 최대한 빠른 걸음으로 몇 시간 만에 주파했다.

흥화진과 통주성 주변에는 각 1백 명 정도의 거란 기병들이 순찰을 돌고 있었다. 성안의 고려군들을 관찰하고 견제하기 위해서였다. 양규의 700결사대는 그들을 물리치고 통주성으로 들어갔다.

거란군의 최대 장점은 기동력이다. 따라서 적국의 영토 깊숙이 들어가 요지(수도)를 타격하는 방식을 자주 사용했다. 거란 태조 야율아보기가 이런 방식으로 발해를 멸망시켰고, 승천황태후는 송나라를 상대로 전연의 맹을 이끌어냈다. 그리고 고려를 침공한 거란군들도 그렇게 움직이고 있었다.

양규는 이들을 상대로 역시 기동력으로 승부를 볼 생각이었다. 전광석화처럼 움직여서 적이 생각지도 못한 곳을 타격한다!

통주성 군민들은 매우 큰 어려움을 겪고 있었다. 특히 심리적으로 불안한 상황이었다. 이때 도순검사 양규와 그의 결사대가 깃발을 휘날리며 당당하게 통주성으로 들어간 것이다.

무려 도순검사 아닌가! 지금 상황에서 최고 지휘관이다. 양규가 과감한 기동으로 통주성에 입성하자 통주의 군민들은 사기는 매우 높이 올라갔다. 양규는 통주성에서 1천 명의 군사를 징발하여 결사대에 합류시켰다.

양규의 움직임은 거란군 정찰대에 포착되었다. 그렇지만 양규에게 가장 중요한 것은 속도였다. 거란군이 대응하지 못할 빠르기로 해내야만 한다.

양규는 1,700명의 병력을 이끌고 다시 통주성을 나서며 군사들에게 명했다.

"우리가 적의 뒤를 잡는다!"

흥화진과 통주, 곽주의 위치

불가능한 작전

양규와 1,700명의 군사가 향한 곳은 거란군이 함락시킨 곽주였다. 거란군은 이곳에 6천 명의 수비 병력을 두고 있었다. 곽주는 거란군이 처음으로 함락시킨 고려의 성곽이었으며 중간 기지였기에 거란으로서는 반드시 지켜야 하는 곳이었다.

통주에서 곽주성까지의 거리는 약 40km. 이 거리를 이동하는 데 거란군의 눈을 완전히 속일 수는 없다. 해결책은 오직 속도였다. 양규와 결사대가 빠른 속도로 남하하여 곽주성 근처에 이르렀을 때는 한

밤중이었다.

그 모습이 역사에 이렇게 기록되어 있다.

『고려사』양규 열전

밤중에 곽주로 들어가서, 거란 병사들을 습격하여 모조리 목을 베었으며,
성안에 있던 남녀 7,000여 명을 구하여 통주로 옮겼다.

이때 곽주에는 거란군 6천 명이 있었다. 양규는 겨우 1,700명 정
도의 병력으로 곽주를 지키고 있던 거란군 6천 명을 모조리 전멸시
켰다.

일반적으로 성곽을 공격하려면 몇 배의 병력이 필요하다. 40만 거

야밤을 틈타 곽주 성벽을 오르는 양규와 그의 군사들

란군이 흥화진을 함락시키지 못했고 사기가 바닥에 떨어진 통주성도 함락시키지 못했다. 성을 공략하는 것은 그만큼 어려운 일이었다. 더구나 곽주성의 거란군은 잔뜩 긴장하여 경계를 서고 있을 터였다.

이런 일은 세계 역사적으로도 유례가 없었다. 그만큼 위험한 일이기도 했다. 만일 실패하면 많은 병력을 잃게 되고 오히려 흥화진과 통주가 위험해지는 것이다. 제장들의 반대도 상당했을 것이다. 그러나 양규는 밀어붙였다. 곽주를 함락시킨다면 거란군의 뒤를 잡는 것이고 거란군은 회군할 수밖에 없게 되는 것이다.

양규는 곽주를 기어코 탈환해내고 거기에 더해 7천 명의 고려인 포로도 구한다. 불가능한 작전이었고 어쩌면 시도하지 말아야 할 군사행동이었으나, 양규와 그의 군사들은 조국을 구하기 위해 일신의 위험을 무릅쓴 것이었다.

양규는 고려인 포로들을 모두 통주성으로 옮기고 곽주를 비워둔다. 양규의 의도는 분명했다. 거란군의 회군에 대비해서 통주에 전력을 집중시키려는 것이었다. 집중된 전력으로 회군하는 거란군에 강력한 반격을 가할 것이었다.

서경 서쪽 길 야율융서의 진영

야율융서와 소배압, 한덕양 등이 모여 있는데 전령이 헐레벌떡 와서 보고했다.

"곽주가 고려군에 함락되었습니다!"

야율융서를 비롯한 제장들의 표정이 굳어졌다. 마치 찬물을 끼얹은 것 같은 분위기로 변했다. 소배압이 크게 놀라며 물었다.

"우리 수비병 6천 명이 지키고 있는데 어떻게 함락당한다는 말인가?"

"…."

야율융서가 놀라움과 당황함에 되뇌었다.

"6천 명이 지키고 있는 성을 함락시키려면 몇만 명이 필요하다. 고려군의 숫자가 도대체 어느 정도란 말인가?"

지금의 우리는 양규가 거느린 병력이 겨우 1,700명 정도라는 것을 알고 있다. 그러나 당시 거란군은 그것을 몰랐다. 거란군 6천 명이 지키고 있는 곽주가 함락될 정도라면, 수만 명 규모의 고려군이 움직였다고 판단했을 것이다.

거란군 내에서 갑론을박이 있었다. 논의 후, 거란군은 서경의 포위를 풀었다.

그런데 퇴각하는 것이 아니라 개경을 향해 남하했다. 거란군의 대담함은 혀를 내두를 정도였다. 이것은 양규도 예상하지 못한 것이었다.

조원과 강민첨의 걱정

조원이 강민첨에게 말했다.

"적들은 분명 개경과 성상을 목적으로 할 것입니다."

강민첨 역시 한숨을 쉬며 말했다.

"개경에는 방어할 병력이 없으니 정말 큰 일입니다."

"나이 어린 성상께서 어떻게 대응하실지 모르겠습니다만, 조정 대신들은 아마 항복을 권유할 것입니다."

강민첨이 서경성을 둘러보며 말했다.

"우리에게 주어진 역할은 서경을 지키는 것입니다. 나머지는 하늘의 뜻입니다."

조원과 강민첨이 근심 어린 표정으로 남쪽을 보았다. 조원과 강민첨은 크게 걱정하고 있었다. 고려를 지키기 위해, 극히 어려운 상황 속에서도 서경성을 지켜내고 있는 것이었다. 그것이 고려 관료의 의무였기 때문이다. 그런데 그들의 왕인 현종이 항복을 결정하면, 서경성을 지키고자 했던 모든 노력은 물거품이 되는 것이다.

이제 고려의 운명은 단 한 명에게 달려 있었다. 강조의 정변으로 느닷없이 왕위에 오른 열아홉 살의 어린 왕, 바로 현종이었다!

조원과 강민첨의 우려와 달리 열아홉 살의 어린 왕은 최고의 왕이 될 자질을 지닌 사람이었다. 따라서 이 어려운 상황을 헤쳐나갈 충분한 담력을 이미 가지고 있었다.

현종이 왕좌에 앉아 아래를 굽어보고 있다.

고려 조정

12월 21일경, 거란군이 개경으로 오고 있다는 첩보가 도착했다.

극도로 어려운 상황이었으나 고려 조정에서는 거란군의 진격을 막기 위한 시도를 계속했다. 개경에 있던 모든 가용 자원을 끌어모아 자비령 등 험준한 길을 막아서려고 했던 것이다. 그러나 거란군은 거침이 없었다.[62]

12월 28일경, 소배압이 이끄는 거란군은 자비령을 통과했다. 이제 개경의 문 앞까지 온 것이었다. 거란군을 막을 수단은 아무것도 없었다.

서경에서 패한 지채문이 그 전날 개경에 들어와 있었다. 지채문은

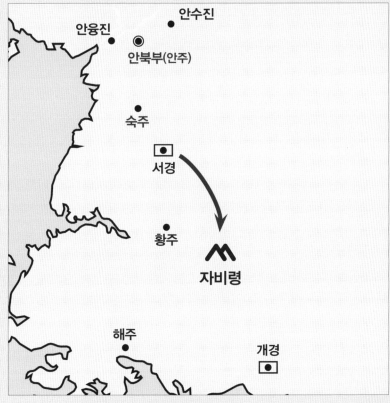

자비령

마탄에서 패한 사실을 현종에게 보고했다. 그 보고를 들은 신하들은 항복할 것을 발의했다.

"거란군이 이미 개경 서쪽에 당도했습니다. 항복해야 합니다."

"우리가 17여 년간 준비한 방어계획은 모두 무력화되었습니다. 이 제는 항복하는 수밖에 없습니다."

"거란에 항복하여 사직을 구할 수 있다면, 한때의 굴욕을 참아야 합니다."

거란군이 고려의 모든 방어계획을 돌파하여 개경에 이르자, 조정 의 중론은 항복으로 기울어지고 있었다.

항복.

고려가 준비한 방어계획은 모두 실패한 것처럼 보였다. 적어도 개 경의 대신들이 보기에는….

태조 왕건이 삼한을 통일하고 나라를 건국한 지 백여 년, 그동안 고려는 큰 위기 없이 성장해왔다. 17년 전 거란 소손녕의 침공이 있 었으나 잘 극복해내었고, 거란의 재침에 대비하여 서희가 주도해서 방어계획을 만들었다.

이번에 거란에 항복하면, 현종은 거란 황제 야율융서를 만나러 가 야 한다. 야율융서의 면전에서 신하의 예를 표해야 하는 것이다. 그리 고 자비를 구해야 할 것이었다. 현종은 고뇌에 잠겼다.

현종이 야율융서를 만나러 가면, 앞으로 627년 뒤에 있을 '삼전도 의 굴욕(1637년 1월 30일, 조선의 인조는 청나라에 항복하여 삼전도로 나아가 청태 종 앞에 무릎을 꿇게 된다)'의 예행 연습을 하게 되는 셈이었다.

서서히 이길 방법

체구가 왜소한 늙은 관료가 항복을 주장하는 관료들 사이에서 현종을 뚫어지게 보고 있었다. 현종을 보고 무엇을 생각하는 듯했다. 이윽고 결심한 듯이 앞으로 나섰다.

"신 강감찬, 한 말씀 올리겠습니다!"

63세 예부시랑 강감찬. 강감찬은 성종 2년(983년)에 장원급제를 해서 27년 동안 관직을 이어 오고 있었다.

강감찬은 '기묘한 꾀와 수단'으로 민간에 수많은 전설을 남긴 사람이었고 타고난 전략가로 알려졌지만, 그때까지만 해도 특출나게 눈에 띄는 사람은 아니었다. 그저 그런 평범한 관료에 불과했다. 그러나 국가적 위기 상황이 찾아오자, 그의 강인함과 비범함이 빛을 발하기 시작했다.

강감찬 우렁찬 목소리로 말했다.

"지금의 일은 근심할 필요가 없습니다. 단지 우리의 군세가 적어 적들을 상대할 수 없으니 일단 예봉을 피해 시간을 벌어야 합니다."

현종이 말했다.

"시간을 번다고 거란군을 물리칠 수 있겠소?"

강감찬이 힘주어 말했다.

"시간을 번 뒤에, 서서히 이길 방법을 찾아야 합니다."

현종이 강감찬을 주의 깊게 보았다. 현종의 눈빛이 또렷이 빛나고 있었다. 그 눈빛을 받은 강감찬이 다시 말했다.

"남쪽으로 몽진을 떠나소서."

강감찬은 몽진, 즉 피난을 한 후 서서히 이길 방법을 찾자고 한 것이었다.

거란은 삼수채 전투에서 승리하고도, 실제로 공격하여 함락시킨 성은 '곽주' 하나밖에 없었다. 서희가 재단한 다중방어선은 제 기능을 하고 있었던 것이다. 게다가 곽주는 양규가 다시 탈환해냈다.

양규는 통주성을 중심으로 반격 작전을 계획하고 있었다. 벌써 음력 12월 말이었고 양력으로 하면 2월 초였다. 겨울이 지나가고 있는 것이었다. 서서히 강물이 녹기 시작하고 길은 진창으로 변할 것이다. 그런 길을 따라 움직이는 것은 그 자체로 고역이다. 거란군이 회군을 시작하면 양규는 군사들과 더불어 강력한 반격을 가할 것이다.

서경은 조원과 강민첨 등이 민심을 다독이며 지켜내고 있었다. 북방 방어선의 거점, 서경은 굳게 지켜지고 있는 것이었다.

현종의 결단

현종이 항전을 결정한다면 거란군을 물리칠 힘이 고려에는 충분히 남아 있었다. 그러나 서북면과 연락이 단절된 지금, 이런 유리한 사정을 고려 조정에서는 전혀 모르고 있었다.

현종이 신하들을 굽어보며 자신의 결단을 말했다. 신하들은 무척 당황했을 것이고 크게 반대했을 것이다. 그러나 현종의 결단은 강고

강감찬이 현종에게 항전을 주장하고 있다.

했다.

"짐은 거란군에 맞설 것이오!"

현종이 강감찬의 의견을 받아들여 항전을 결단한 것이다. 그리고 서서히 이길 방법을 찾기로 한다.

이번 전쟁에서 강감찬의 역할은 크지 않았다. 강감찬은 '서서히 이길 방법'을 찾자는 한마디 말을 던졌을 뿐이었다. 그러나 8년 후, 그는 자신의 주장대로 서서히 이길 방법을 결국 찾아낸다. 그리고 강감찬의 뒤에는 현종의 강력한 뒷받침이 있었다.

지채문이 현종에게 청했다.

"제가 비록 둔하고 겁이 많으나 곁에 있으면서 견마지로(犬馬之勞)

를 다하게 해주십시오."

현종이 그런 지채문을 대견하게 보며 말했다.

"이원(李元)이 서경에서 급히 돌아와 호종할 것을 자청했는데 지금은 볼 수도 없습니다. 그런데 경이 어려운 상황에도 신하 된 의리를 지키겠다고 하니, 짐은 매우 가상하게 생각하는 바입니다."

이원은 완항령에서 목숨을 걸고 거란군의 추격을 저지한 장수였다. 그 역시 현종을 버리고 도망갔던 것이다. 그만큼 신하들이 생각하는 고려의 상황은 어려웠다.

이날 밤, 현종은 훗날을 기약하며 두 명의 왕비와 더불어 호위군사 50명을 거느리고 개경을 빠져나갔다. 그리고 채충순, 박충숙, 장연우,

8년 후, 1019년 2월 1일, 강감찬이 구주 동쪽 벌판에서 고려의 주력군을 지휘하고 있다.

김계부, 주저, 김응인 등 수십 명의 비교적 젊은 관리와 무관들이 호종했다.

현종은 개경에서 출발하여 나주를 목적지로 하여 이동했다. 나주를 목적지로 한 것은 국토의 최남단이라는 점과 나주가 태조 왕건의 개인 영지와 같았다는 점을 고려한 결과였을 것이다. 나주는 고려 2대 왕 혜종과 그의 어머니 장화왕후 고향이기도 했다. 또한 남쪽의 물산들은 모두 나주를 거쳐 해로를 통해 개경으로 운반된다. 이곳을 틀어쥐고 있으면 거란군에 끝까지 대항할 수 있었다.

그런데 현종이 이동한 길은 현재와는 약간 다르다. 현재는 개경에서 남쪽으로 가려면 파주와 고양을 거치는 길이 가장 빠르지만, 이당시에는 이쪽 길이 개발되지 않았다. 간척사업이 행해지지 않았던 당시 해안선은 지금보다 훨씬 복잡했기 때문이다.

현종은 임진강 북단을 따라 동쪽으로 움직여서 고랑포에서 강을 넘었을 것이다. 그리고 이 고랑포 근처에는 신라 마지막 왕인 경순왕릉이 있다. 현종은 작은 외할아버지인 경순왕의 능을 보며 무슨 생각을 했을까?

고려가 신라와 후백제를 병합하여 하나의 국가를 세웠지만 아직 지방행정체계가 완전하지 않을 때였다. 고려는 호족연맹체에서 중앙집권화로 발전 중인 나라였다. 그만큼 지방이 완벽히 통제되고 있지 않았다. 이 위기의 순간에는 어쩌면 고려인들이 거란군보다도 위험할 수도 있었다.

고랑포구

현종은 임진강 고랑포구 부근에서 강을 건넜다.(©길승수)

경순왕릉. 신라 마지막 왕인 경순왕은 경주에서 개경으로 온 뒤, 망국의 한을 품고 경기도 연천군에 잠들었다.(출처: 문화재청 홈페이지)

고난의 시작

지채문은 봉주 지씨로 현종 원년에 중랑장에 임명되었다. 지채문이 비록 서경 동쪽 마탄에서 거란군에 패했지만 뛰어난 무장이었다. 그가 앞장서서 길을 열었다.

12월 29일, 현종이 적성현(積城縣, 경기 연천) 단조역(丹棗驛)에 이르렀다. 그런데 단조역에서 근무하는 견영(堅英)이라는 군사가 역졸들과 함께 화살을 쏘며 공격해왔다.

지채문이 호통을 쳤다.

"어디 감히 어가를 공격하는가!"

그리고 곧 달려 나가 화살을 쏘아 이들을 물리쳤다. 어가가 계속 남쪽으로 향하는데, 잠시 물러났던 이들이 다시 서남쪽 산에 집결하여 길을 막았다. 지채문이 또다시 돌격하여 길을 열었다.

견영은 왕을 붙잡아서 이득을 보려고 했다. 경우에 따라서는 인질로 잡아서 거란에 넘길 수도 있다. 단조역은 개경 바로 근처인데도 이 모양이니 남쪽으로 갈수록 더 심해질 것이었다.

어가는 설마치고개를 넘어 오후 4시경에는 창화현(昌化縣, 경기도 양주)에 이르러 관아에 들었다. 그러자 창화현 아전이 현종에게 큰소리로 물었다.

"왕께서는 나의 이름과 얼굴을 아시겠습니까?"

현종은 이 무엄한 말을 일부러 듣지 못한 척했다. 그러자 아전이 화를 냈다. 일개 아전이 임금이 자신의 얼굴을 모른다고 화를 낸 것이었다. 이 아전이 사람을 시켜서 외치게 했다.

"하공진이 군사를 거느리고 온다!"

지채문이 아전에게 물었다.

"하공진이 무슨 이유로 오느냐?"

"채충순과 김응인을 사로잡기 위한 것이다."

하공진이 채충순과 김응인을 잡으러 온다는 말에, 김응인 등이 도망쳤다.

하공진과 유종

하공진과 유종은 목종 때 왕을 호종하는 중랑장에 임명되었다. 그런데 강조가 정변을 일으키자 강조 편에 섰다.

강조의 정변 뒤, 이들은 동북면으로 자리를 옮겨 국경 지역의 방어를 맡았다. 그런데 하공진이 조정의 명령 없이 군대를 움직여 동여진족을 공격했으나 패배했다. 유종은 이 패배를 설욕하기 위하여, 동여진 사람 95명이 고려 조정에 입조하려고 동북면에 이르렀을 때 모두 죽여버렸다. 여진족은 이 사실을 거란에 가서 호소했다. 거란군의 고려 침공에 일정 부분 명분이 되었던 것이다. 그 때문에 고려 조정에서는 하공진과 유종을 모두 섬으로 귀양 보냈었다.

거란군이 개경 근처까지 다가오자 현종은 하공진과 유종을 복귀시킨다는 명령을 내렸다. 하공진과 유종은 뛰어난 무장이었고 이들을 불러들여 호위를 맡길 생각이었던 것이다.

하공진을 복귀시켰으니 어가를 찾아오는 것은 당연한 일이었다. 그런데 오는 이유가 채충순과 김응인을 잡으려고 오고 있다는 것이다. 아마 하공진과 유종의 유배를 채충순과 김응인이 주도했기 때문일 것이다. 하공진 역시 이 위기의 순간에 변절한 것일까?

과연 밤이 되니 신원을 알 수 없는 적들이 관아를 에워쌌다. 대부분의 신하들이 크게 겁을 먹고 도망쳤다. 다만 채충순, 박충숙, 장연우, 김계부, 주저 등과 승지[63] 양협(良叶), 충필(忠弼) 등만이 왕을 모셨다.

지채문이 무기를 들고 관아를 지키며 적들을 견제했다. 지채문의 움직임에 적이 감히 가까이 오지 못했다.

새벽이 되자 지채문이 현종에게 조용히 말했다.

"두 왕후께서 먼저 북문으로 탈출하시는 것이 좋겠나이다."

지채문의 의견대로 두 왕후가 먼저 나가고 지채문은 현종을 호위하여 샛길로 빠져나갔다. 다른 신하들도 흩어져서 각개로 몸을 피했다. 다시 만나기로 약속한 장소는 도봉사(道峯寺)였다.

무사히 도봉사에 도착한 후 지채문이 현종에게 아뢰었다.

"지난밤의 적은 하공진이 아닌 듯하니 신이 가서 알아보겠나이다."

현종은 두려웠다.

개경을 나서자마자 고려인들에 의한 공격이 계속되고 있다. 예상보다 훨씬 더 상황이 좋지 않은 것이다. 그리고 호종했던 대부분의 신하들은 도망가고 말았다. 믿었던 사람들이 자신을 헌신짝처럼 버린 것이다. 이것은 현종에게 무엇보다도 커다란 충격으로 다가왔다.

"안 되오!"

현종은 지채문이 가는 것을 허락하지 않았다. 지채문 역시 자신을 버릴까 봐 두려웠던 것이다.

현종의 마음을 알아챈 지채문이 강개한 어조로 말했다.

"신이 만약 성상을 배반한다면 하늘이 반드시 저를 죽일 것입니다."

현종은 내키지 않았지만 결국 허락했다. 지채문의 말을 믿었기 때문일 수도 있지만 지채문이 도망가고자 한다면 잡을 방법도 없음을 알고 있었기 때문일 것이다.

지채문이 곧 창화현으로 가다가 길에서 초라한 행색의 낭장 국근을 만났다. 국근은 창화현까지 현종을 호종하다가 도망친 터였다. 국근이 지채문에게 말했다.

"제 의복과 짐을 모두 적에게 빼앗겼습니다."

지채문이 엄히 말했다.

"네가 신하가 되어 충성하지 못했으니 목숨을 부지한 것만도 다행이다."

그런데 앞에서 달려오는 사람들이 있었다. 지채문이 보니 하공진과 유종, 고영기 등이었다. 지채문이 그들에게 힐문했다.

"어째서 어가를 침범하는 것인가?"

하공진이 정색하며 답했다.

"우리가 한 일이 아니오."

지채문이 그들의 이야기를 자세히 들어보니 과연 하공진이 한 짓이 아니었다. 이때 하공진이 거느린 군사가 20여 명이나 되었다. 지채문은 하공진과 더불어 군사들을 거느리고 창화현으로 돌아가 도적들이 도적질해간 말 15필과 안장 10부(部)를 찾아냈다.

도봉사로 돌아가는 길에 지채문이 하공진 등에게 말했다.

"내가 여러분과 함께 가면 성상께서 분명 놀라실 것이니, 여러분은 조금 뒤에 오기를 바랍니다."

지채문은 현종의 두려움을 잘 이해하고 있었던 것이다.

승지 충필은 도봉사 문 앞에서 밖을 정찰하고 있었다. 그런데 지채문이 돌아오고 있었다. 충필은 크게 반가워하며 현종에게 알렸다.

"지 중랑장이 돌아왔습니다."

지채문이 돌아왔다는 말에 현종은 기뻐하며 문밖까지 나와서 지채문을 맞이했다. 지채문이 현종에게 아뢰었다.

"제가 적이 빼앗아간 물건을 되찾아왔습니다. 그리고 간밤의 습격은 하공진이 한 일이 아니오며, 때마침 하공진을 만나 함께 왔습니다."

현종은 하공진과 유종, 고영기를 불러 위로했다. 하공진이 현종에게 말했다.

"거란이 본래 역적을 토벌한다는 것을 명분으로 삼았는데 이미 강조를 잡아갔습니다. 그러니 만약 사신을 보내어 화친을 청한다면 그들은 반드시 군사를 돌릴 것입니다."

하공진은 이렇게 말하며 스스로 거란군에 사신으로 갈 것을 자원했다. 전쟁 전 거란에 사신으로 간 사람들은 모두 억류당했다. 더욱이 지금은 전쟁 중이다. 거란에 사신으로 가는 것은 돌아오지 못할 길을 가는 것이었다. 망설이던 현종은 결국 하공진과 고영기를 거란의 진영으로 가게 했다.

하공진이 창화현에 이르러 표문을 거란 황제 야율융서에게 보냈다.

"저희 국왕께서는 진실로 폐하를 뵙기를 원하셨으나, 다만 군사의 위세를 두려워하셨고, 또한 국내의 어려운 사정 때문에 강남(江南)으로 피난 가셨습니다. 이제 하공진 등을 보내어 그 이유를 알리려 하니, 청하옵건대 속히 군사를 거두어주소서."

표문이 야율융서에게 전해지기 전에 거란 선봉대가 벌써 창화현에 이르렀다. 하공진이 앞의 뜻을 자세히 진술하니 거란 측에서 물었다.

"국왕은 어디 있소?"

"지금 강남을 향하여 가셨으니 계신 곳을 알 수 없소."

"강남까지 가는 길이 얼마나 되오?"

"강남은 너무 멀어서 몇 만 리나 되는지 알 수 없소."

하공진의 말에도 거란군은 현종을 잡기 위해 계속 남하하여 곧 한강 앞에 다다랐다.

한편 거란 황제 야율융서 역시 본대와 더불어 개경에 진입했다 (1011년 1월 1일).

눈물의 피난

현종은 하공진을 보내고 곧 도봉사를 떠났다. 그런데 아직 두 왕후와 합류하지 못했으니 왕후들을 기다려야 했으나 그럴 수 없었다. 거란 군이 지척에 와 있는 것이다. 현종은 눈물을 머금고 다시 남하했다. 그다음 날인 새해 첫날, 일행은 광주(경기도 광주)에 도착했다. 거란군 이 언제든지 쫓아올 수 있었기에 계속 남하해야 했으나 두 왕후와 합 류하지 못한 상태에서 계속 이동할 수는 없었다. 현종은 위험을 무릅 쓰고 광주에 머물기로 했다. 역시 지채문이 나섰다.

"제가 나가서 왕후 전하들을 뫼시고 오겠나이다."

지채문이 수색을 나가서 요탄역(饒呑驛)이라는 곳에서 두 왕후를 찾 아 왔다. 요탄역의 위치가 정확히 어디 있었는지는 알 수 없으나 지 금의 서울 강남 지역으로 추정된다.

현종은 매우 기뻐하면서 광주에서 계속 머물렀다. 거란군은 아직 보이지 않았다. 현종은 이곳에 머물며 하공진이 돌아오거나 거란군 이 물러갔다는 좋은 소식이 오기를 기다릴 생각이었다. 광주에 머무 는 동안 난리 통에 흩어졌던 신하들 상당수가 합류했다.

그런데 1월 3일, 하공진이 거란군에 포로가 되었다는 소식이 전해 졌다. 그러자 신하들은 또 도망갔다. 오직 채충순, 박충숙, 장연우, 김 계부, 주저, 유종, 김응인 등만이 남아 있었다. 배반의 연속이었다.

거란군의 추격을 피해 현종은 다시 급하게 남하했다.

불타는 개경, 그리고 거란군의 회군

거란의 선봉군은 현종을 잡기 위해 한강에 이르렀으나 한강을 넘지 못했다. 이제 조금만 있으면 강물이 녹기 때문에 현종을 쫓는 것은 무리였다.

거란 황제 야율융서는 곧 회군을 결정하고 명령을 내렸다.

"회군한다. 그리고 개경의 모든 것을 불태우라!"

거란군은 회군을 시작하며 개경 곳곳에 불을 질렀다. 특히 만월대라 불리는 고려의 궁궐은 이때 거의 전소되고 말았다. 이로써 고려초기의 역사서와 각종 문헌이 한순간에 사라져버렸다. 남아 있는 고려 초기 기록이 상당히 부실한 이유가 여기에 있다.

또한 고려가 후삼국을 통일하면서 수집해놓은 삼국의 보물 역시 한순간에 사라졌다. 그중에 신라의 보물인 성제대(聖帝帶)[64]라는 것도 있었다. 하늘에서 내려 준 '왕의 허리띠'로 당시 기준으로도 400년 이상 된 보물이었다.

1010년 1월 1일, 거란군은 개경에 입성하자마자 바로 퇴각을 시작했다. 양력으로는 2월 6일, 추위가 정점에 있을 시기이지만, 또한 곧 추위가 물러날 때이기도 했다. 이제 강물이 녹고 땅이 진창으로 변한다. 행군에 막대한 제한을 받게 되는 것이었다. 양규의 곽주 탈환 시에도 남진을 선택한 거란군이지만 지금은 그럴 수 없는 것이다. 서북면의 고려군이 건재한 상황에서 고려 깊숙이 더 들어가는 것은 자살행위에 가까웠다.

기러기

하공진이 거란군에 억류되었다는 소식을 접한 현종은 급히 남쪽으로 이동했다. 거란군이 계속 남하할 것이라고 예상했던 것이다. 1월 4일, 현종의 행차가 광주를 떠나 비뇌역(鼻腦驛)에 묵었다. 비뇌역은 지금의 경기도 광주와 양성 사이에 있었다.

현종을 따르던 장수들과 군사들 생각에 이제 고려는 망한 나라였다. 장졸들이 현종에게 청했다.

"고향으로 가서 부모와 처자를 대피시키고 다시 복귀하겠나이다."

그럴듯한 이유를 댔지만 사실 현종을 버리겠다는 것이었다. 그렇지만 현종은 이들의 청을 허락했다.

"그대들의 청을 허락한다."

유종이 현종에게 말했다.

"양성현(陽城縣, 경기도 안성시 양성면)은 신의 고향인데 이곳에서 거리가 멀지 않으니, 양성으로 행차하소서."

유종의 제안에 현종은 기뻐하며 양성으로 가서 관아에 묵었다. 그런데 그날 밤, 유종과 김응인 등이 현종의 말안장을 뜯어내어 고을 사람에게 주었다. 아마도 불온한 움직임이 있어서 뇌물로 준 것으로 생각된다. 과연 새벽이 되자 관아의 아전들이 모두 도망쳤다. 현종은 부리나케 다시 길을 나섰다.

그러자 유종과 김응인이 말했다. 창화현에서 도망쳤던 김응인은 다시 어가에 합류해 있었다.

"두 왕후를 각기 그 고향으로 돌아가게 하고, 호종하는 장졸들을 변방으로 보내서 위급한 상황에 대비하게 하소서."

거란군이 뒤를 쫓고 있을지 모른다. 따라서 왕후를 계속 동행시키는 것보다 피신시키자는 것이었다. 그리고 군사를 보내 길을 막자는 것이었다.

현종이 이에 대해 지채문에게 묻자 지채문이 크게 울면서 말했다.

"지금 임금과 신하가 재앙을 당하여 파천하고 있지만 사람의 도리를 어겨서는 안 됩니다. 마땅히 인의(仁義)에 따라 행동하여 인심을 수습해야 할 것입니다. 그런데 어찌 왕후를 버리고서 살길을 찾겠습니까!"

현종이 말했다.

"중랑장의 말이 옳소."

다시 길을 떠나 사산현(蛇山縣, 충남 천안시 직산읍)을 지나는데 기러기 떼가 밭에 내려앉아 있었다. 지채문은 현종을 보았다. 현종의 표정은 매우 어두웠다.

"이랴!"

지채문이 문득 말에 박차를 가하며 달려 나갔다. 그러자 기러기 떼가 하늘로 날아올랐다. 그 순간, 지채문은 몸을 젖히며 번개 같은 빠르기로 화살을 날렸다.

"피잉-."

시위 소리와 동시에 기러기 한 마리가 땅에 떨어졌다. 지채문이 기러기를 주워 현종에게 바치며 말했다.

"소신이 성상 곁에 있으니 근심하지 마소서."

현종이 크게 웃으면서 지채문을 칭찬했다.

"경은 신궁이구려. 짐은 중랑장만 믿소!"[65]

천안부(天安府, 충남 천안)에 이르자 유종과 김응인이 아뢨다.

"신들이 먼저 석파역(石坡驛)에 가서 음식을 준비하여 영접하겠습니다."

유종과 김응인은 이렇게 말하고는 드디어 도망쳤다.

공주절도사 김은부

1월 7일, 현종은 공주(公州, 충청남도 공주)가 보이는 곳에 도착했다. 그런데 예상과 다르게 관복을 입은 사람이 마중 나와 있었다. 공주절도사 김은부(金殷傅)였다. 김은부가 현종을 보자 예를 갖추어 절을 하며 간곡한 목소리로 말했다.

"성상께서 이렇게 극한 상황에 이르실 줄 어찌 생각이나 하였겠습니까!"

김은부는 이렇게 말하며 현종을 극진히 위로했다. 곧 김은부가 의복과 토산물을 바쳤고 현종은 옷을 갈아입었다. 개경을 떠난 뒤 처음으로 옷을 갈아입은 것이었다. 현종은 김은부의 응대에 매우 감동했다. 처음으로 지방관의 제대로 된 영접을 받은 셈이었다.

공주를 지나쳐 파산역(巴山驛)에 도착했는데, 역리(驛吏)들이 모두 달아나서 먹을 음식이 없었다. 그러자 김은부가 또다시 음식을 올리며 아침저녁으로 현종을 정성껏 받들었다. 김은부는 파산역까지 현종을 호종하고 공주로 다시 돌아갔다. 현종은 김은부의 충절을 마음속 깊이 새겼다.

파산역에서 현종이 신하들에게 말했다.

"현덕왕후는 잉태를 하였으니 마땅히 멀리 갈 수가 없을 것이오. 왕후의 본관이 선주(善州, 경북 선산군)인데 이곳에서 멀지 않으니 선주로 보내는 것이 좋겠소."

지채문이 저번과 같이 말하며 반대했다. 그러나 현종은 왕후를 보내기로 마음먹었다.

"지금은 어쩔 수 없소."

현종은 현덕왕후를 선산으로 보냈다. 임신 중이었던 현덕왕후는 무사히 선산에 도착했다. 그러나 안타깝게도 유산이 되어 아이를 낳지 못했다.

현종은 계속 남쪽으로 이동하여 여양현(礪陽縣, 전북 익산군 여산면)에 도착했다. 그런데 여기서 군사들의 불만이 터져 나왔다.

"언제까지 성상을 따라 도망가야 하나! 만일 거란군이 들이닥치면 어떻게 한단 말인가!"

지채문이 현종에게 아뢨다.

"태조께서 통일하셨을 때 공이 있는 사람들에게는 반드시 상을 내리셨습니다. 하물며 지금은 큰 고난을 겪고 있으므로 인심을 얻는 것이 중요하니 마땅히 먼저 상을 주어 포상하십시오."

현종이 그 말을 따라 군사 16명에게 중윤(中尹)이라는 관직을 내렸다.

너희들이 어찌 이처럼 할 수 있느냐

1월 8일, 삼례역(參禮驛, 전북 전주군 삼례면)에 이르니 전주절도사 조용겸(趙容謙)이 평상복 차림으로 현종의 행차를 맞이했다. 조용겸이 현종에게 요청했다.

"전주에 머무소서!"

그런데 박섬(朴暹)이 아뢰었다. 안북부의 방어 책임자였던 박섬은 안북부에서 도망쳐서 고향으로 향하다가 길에서 현종을 만나 따라온 것이었다.

"전주는 곧 후백제의 중심지로 지금은 위험할 수 있으니 성상께서는 행차하지 마소서."

현종은 이 말을 듣고 일리 있다고 생각했다. 개경을 나서자마자 고려인들에 의한 공격이 있었기 때문이다. 지금은 최대한 조심하는 것이 현명한 선택일 것이다.

현종은 전주를 지나쳐 바로 장곡역(長谷驛, 전라북도 완주군 이서면 은교리 앵곡마을)에 이르러 유숙했다.

"둥, 둥, 둥, 둥, 둥….."

"와아!"

그런데 그날 밤, 일단의 사람들이 북을 치고 함성을 지르며 장곡역에 접근해왔다. 전주절도사 조용겸과 전중소감 유승건 등이 현종이 전주를 그냥 지나치자 납치하고자 마음먹은 것이었다.

지채문은 즉시 역의 문을 닫고 굳게 지켰다. 그리고 급히 왕순에게 말했다.

"성상과 왕후께서는 말에 타고 계시옵소서. 만일 저들이 이곳으로 들어오면 신이 앞장서서 길을 열 것입니다."

현종과 대명왕후는 지채문의 의견대로 말을 타고 대기했다. 그런데 지채문의 무예 실력을 아는 조용겸 등은 섣불리 안으로 들어오지 않았다. 한동안 소강상태가 이어지자 지채문이 지붕에 올라가 외쳤다.

"너희들이 어찌 이처럼 할 수 있느냐? 전중소감 유승건이 왔는가?"

유승건은 전주 출신으로 현종의 측근이었다고 생각된다. 무리 중의 한 명이 말했다.

"와 있다."

지채문이 말했다.

"성상께서 유승건을 부르신다. 유승건은 어서 나와 왕명을 받들라!"

유승건이 나서며 지채문에게 말했다.

"그대가 먼저 나오지 않으면 내가 감히 들어갈 수 없다."

지채문이 문밖으로 나가서 유승건을 불러 현종의 앞에까지 오게 했다. 유승건은 현종을 보자마자 울면서 말했다.

"오늘날의 일은 조용겸이 한 짓이므로 신은 알지 못합니다. 청컨대 명령을 받들어 조용겸을 불러오겠나이다."

현종이 유승건에게 말했다.

"그렇게 하시오."

그런데 유승건은 밖으로 나가자마자 도망가버렸다. 현종이 다시 양협에게 명하여 조용겸을 불러오게 하였다. 유승건이 도망하자 조용겸은 기세가 꺾여서 양협을 따라 장곡역에 들어왔다.

조용겸이 오자 여러 장수가 죽이려 하였는데, 이때 지채문이 말렸다.

"그를 죽이면 안 되오!"

현종은 조용겸을 시켜 대명왕후[66]의 말을 이끌고 가게 했다. 조용겸을 앞에 세우면 밖의 무리가 다른 행동을 하지 못하리라는 판단이었다. 위험지역을 벗어난 후 현종은 조용겸을 전주로 돌려보냈다.

드디어 나주에 이르다

1월 13일 드디어 현종이 노령(蘆嶺)을 넘어 나주(羅州)에 들어갔다. 국토의 가장 남쪽까지 온 것이었다. 목적지인 나주까지 왔으나 아직 안심할 수 있는 상황은 아니었다. 거란군이 뒤를 계속 쫓고 있을 수도 있었다.

3일 후 밤, 현종이 객사 안에 앉아있었다. 그런데 밖에서 소리가 들렸다.

"거란군이 나주로 오고 있습니다!"

거란군이 나주까지 왔다는 말에 현종이 크게 놀라서 밖으로 달려나갔다. 지채문이 그런 현종을 만류하며 말했다.

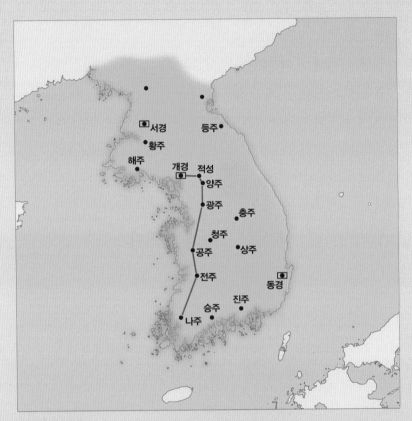

현종의 몽진 길

"성상께서 밤에 나가시면 백성들이 놀랄 것이니 객사로 돌아가시기를 바랍니다. 신이 정찰한 후에 대처해도 늦지 않습니다."

지채문이 나가서 살펴보니 거란군이 아닌 고려 관리들이었다. 통사사인(通事舍人) 송균언(宋均彦)과 별장(別將) 정열(丁悅)이 소배압의 서신과 하공진의 주장(奏狀)을 가지고 온 것이었다. 지채문이 그들을 데리고 현종 앞으로 나아갔다.

현종이 하공진의 주장을 펼쳐 들었다. 거기에는 거란군이 물러갔다고 적혀 있었다. 현종은 뛸 듯이 기뻤다. 이 기쁜 소식을 가지고 온 송균언을 도병마녹사로, 정열을 친종낭장으로 임명했다. 그런데 소배압의 서신은 거란 문자로 쓰여 있어서 당장 해독할 수 없었다.

현종은 나주에 머물며 심향사에서 불공을 드렸다. 현종의 입이 굳게 다물어져 있었다. 그리고 마음속으로 다짐했다.

"이 치욕을 두 번 다시 반복하지는 않으리라."

반격의 시작

이제 양규가 움직일 차례였다. 1011년 1월 16일, 양규는 흥화진 안에 있었다. 그때 정찰병이 뛰어 들어와 보고했다.

"거란군 선봉대가 아군의 성곽을 피해 내륙길로 이동하고 있습니다. 내일쯤이면 구주에 닿을 것입니다."

양규가 명령했다.

"즉시 구주로 전령을 보내 적이 오고 있음을 알려라!"

거란군이 드디어 회군을 시작한 것이다. 양규가 군사들을 보았다. 군사들은 입에서 하얀 김을 내뿜으며 출동에 대비해서 무장을 점검하고 있었다. 양규는 군사들에게서 강인한 느낌을 받았다. 이들은 993년 소손녕의 침략 이후 거란의 재침에 대비해서 지난 17년간 키워온 정예 용사들이었다. 게다가 곽주성을 탈환한 이후로 사기는 하늘을 찔렀다.

흥화진 대장대에 제장들이 모여 작전회의에 들어갔다. 저들이 아무리 강력한 거란군이라 해도 근 두 달간의 원정으로 지쳤을 게 틀림없었다. 양규는 회군하는 거란군을 찾아 나서서 요격하는 전술을 택했다. 그리고 포로를 구출하는 것을 최우선 목표로 삼았다.

양규와 흥화진사 정성이 부대를 둘로 나눠 거란군의 뒤를 쫓을 것

심향사(출처: 한국민족문화대백과사전)

이다. 그리고 서희의 방어 전략에 따라서, 구주 등 인근의 성이 함께할 것이다.

첫 전투는 거란군 선봉대가 지나가는 구주 근처에서 벌어졌다.

구주 협곡 전투와 무로대 기습

구주성 안에 구주군이 도열해 있었다. 그들의 지휘자인 구주 별장 김숙흥이 군사들에게 명했다.

"적이 곧 이곳에 당도할 것이다. 우리가 그들을 섬멸한다!"

사람들의 긴 행렬이 산길을 꾸물꾸물 움직이고 있었다. 회군을 시작한 거란군의 선봉부대였다. 그런데 이들은 고려의 성곽을 피해 북쪽의 산길을 이용해 도망치듯 빠져나가고 있었다. 좁은 도로에는 눈이 덮여 있어 행군하는 거란 군사들의 발목을 잡았다.

한반도 서북부 지역의 겨울 기온은 보통 영하 10도에서 영하 20도의 분포를 보이며 체감 온도는 영하 50도까지 내려간다. 추위와 더불어 굽이굽이 펼쳐진 산길은 거란군에게 또 다른 전투였다.

1월 17일, 구주 북쪽에 거란군 선봉대가 도착했다. 쉬지 않고 달려온 이들의 입에서는 하얀 입김이 쉴 새 없이 뿜어져 나오고 있었다.

구주 북쪽 길은 경사가 매우 급하고 폭이 좁아서 내륙 지역 중에서도 가장 험한 지형으로 꼽힌다. 거란군은 좁은 길을 따라 일렬종대로 갈 수밖에 없었다. 제한된 단일 기동로를 이용함으로써 행군 대형이

길어지고 방향 전환도 쉽지 않았다. 기습당하기 가장 좋은 상황인 것이다.

그때 화살과 돌이 거란군의 머리 위로 덮쳤다.

"적들을 도륙하라! 한 놈도 살려 보내지 마라!"

이들은 구주별장 김숙흥과 중랑장 보량이 이끄는 구주군이었다. 지형에 익숙한 구주군은 산악 지세를 활용하여 은밀히 매복해 있었다. 구주군들은 위에서 아래로 화살과 돌을 비처럼 쏘아댔다. 협곡은 그대로 거란군의 무덤이 되어갔다.

이날 김숙흥이 이끄는 구주군들은 거란 병사 만여 명을 척살했다. 이때 구주군의 숫자는 천여 명 정도로 추정된다. 겨우 천여 명의 병력으로 그 열 배가 되는 적들을 섬멸한 것이었다.

김숙흥이 이끄는 구주군이 협곡에서 거란군을 매복 공격하고 있다.

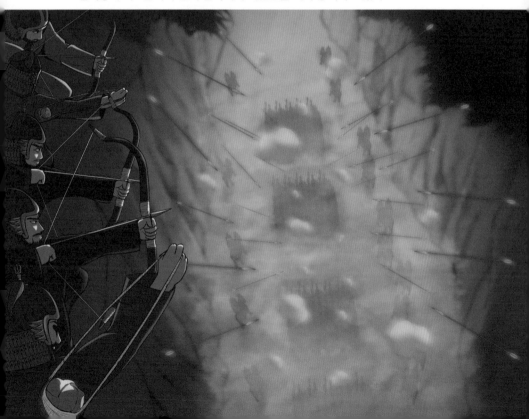

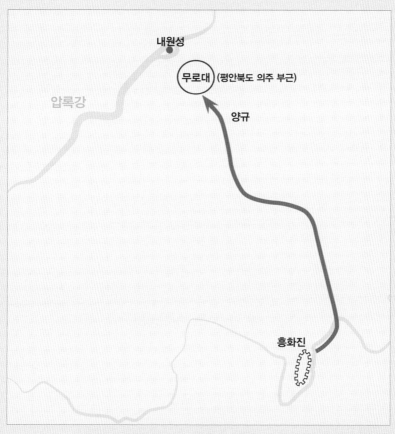

내원성

무로대 (평안북도 의주 부근)

양규

압록강

흥화진

양규와 고려군이 거란군 20만이 주둔하고 있는 무로대를 기습하다.

거란군은 무로대(無老代)라는 곳에 전진기지를 세우고 이곳에 20만 군대를 주둔시켜 놓았다.

1월 18일, 양규는 군사들을 이끌고 무로대 남쪽에 있었다. 무로대를 지켜보던 양규가 어느 순간 명령을 내렸다.

"적들을 주살하고 우리 백성들을 구하라!"

양규는 대담하게도 겨우 천여 명의 병력으로 거란군 20만이 있다고 알려진 무로대를 기습한 것이다. 양규가 무로대를 공격한 이유는, 거란군의 회군이 시작되었기 때문에 이들을 묶어두고, 또한 포로를 구출하기 위해서였다. 양규는 거란군 2천여 명의 목을 베고, 포로가 되었던 남녀 2천여 명을 되찾았다. 무로대를 기습한 후에 다시 통주로 급히 남하했다. 양규와 그의 군사들의 속도는 비할 바 없이 빨랐다.

백성들을 구하라!

정찰병이 급히 와서 양규에게 보고했다.

"거란군 부대가 이수(梨樹) 쪽으로 접근하고 있습니다!"

양규가 물었다.

"포로들의 상태는 어떤가?"

"아사자가 속출하고 있습니다."

양규는 사방으로 정찰병을 보냈다. 거란군이 회군하는 족족 공격할 생각이었기 때문이었다. 그리고 포로를 구해내야 한다. 자국민을 구하지 못하는 나라는 나라가 아니다. 도순검사로서의 양규의 의무는 나라를 지키고 백성을 지키는 것이었다.

당시 전쟁에서 포로는 가장 중요한 전리품이었다. 이들은 거란에서 농사를 지으며 대대로 노예로 살아가게 될 것이다. 거란군이 급하게 회군하고 있었기 때문에 고려인 포로들은 제대로 된 옷, 신발도 갖추지 못하고 거란군을 따라 걷고 있었다. 상당수는 손발이 부르튼 상태에서 동상에 걸려 있었다. 더구나 제대로 먹지 못해 아사자와 동사자가 속출하는 죽음의 행렬이 이어졌다.

양규가 이끄는 고려군이 좁고 험한 산길을 이동하고 있는 거란군을 덮쳤다. 이수(梨樹)에서 거란군을 패퇴시키고 도망가는 적들을 석령(石嶺)까지 추격했다. 결국 거란군 2천 5백여 명을 베었고, 포로가

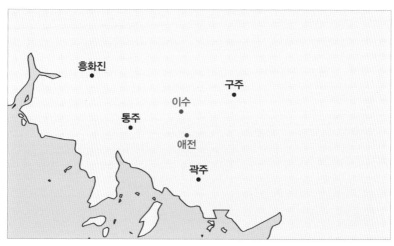

**이수와 애전. 양규의 예상대로 거란군은 통주를 피해
내륙의 산길로 움직이고 있었다.**

되었던 고려인 1천여 명을 되찾았다. 양규는 전쟁이 끝날 때까지 포로들을 구하는 데 온 힘을 쏟았다.

현종의 개경으로 가는 길

양규가 거란군을 요격하고 있을 즈음, 현종은 나주를 떠나 개경으로 향했다(1월 21일경).

개경에서 나주로 몽진을 떠날 때는 도시를 피해서 움직였다. 거란군만큼이나 고려인들도 피해야 할 존재들이었기 때문이다. 과연 위기의 상황이 찾아오자 지방 세력들은 현종을 공격했다.

그러나 돌아오는 길에는 전주, 공주, 청주 등에 며칠씩 머물며 민심을 다독였다. 현종은 몽진 중에 배반한 신하들을 용서했고 자신을 공격한 사람들도 관직을 삭탈하는 정도로만 처벌했다. 법에 따르면 왕에 대한 공격은 사형이었다. 그리고 후에 이때 잘못한 신하들에게 만회할 기회도 준다.[67]

현종은 거란과의 결전을 선택할 정도로 용기와 배짱을 가지고 있었다. 거기에 더해 자신을 배반한 신하들을 용서할 만한 '관용의 정신'도 함께 가지고 있었다.

현종은 개경으로 돌아가는 길에 공주에 다시 들렀다가 왕후를 맞게 된다. 잠시 그 이야기를 보자.

고려 태조 왕건은 부인을 무려 29명이나 두었다. 그 사이에서 아들은 25명, 딸은 9명이 태어난다. 이 정도면 왕실의 후손은 충분하다고 볼 수 있는데, 광종(4번째 왕, 재위 949~975) 때 태조의 아들들 대부분을 숙청해버린다. 그래서 왕실 남자들의 씨가 마르게 된다.

광종 이후, 경종, 성종, 목종, 현종 순으로 왕위가 이어지는데, 이상하게도 아들이 드물어서 왕위가 직계로 계속 이어지지 않았다.

태조 왕건은 이복 남매끼리 결혼을 시키는 정책을 실시했는데, 그런 족내혼의 영향으로 유전적인 문제가 생겨서 아들이 드문 것일 수도 있고 우연한 일일 수도 있다.

현종 역시 즉위하여 족내혼의 전통에 따라서 성종의 두 딸을 왕후로 맞는다. 그러니까 부계로 따져서 5촌 조카딸들과 결혼한 것이다. 이들과 사이에서도 공주 두 명만 태어난다.

현종은 나주에서 돌아오는 길에 다시 공주에 들르게 된다. 공주절 도사 김은부에게는 딸이 세 명 있었는데, 맏딸을 시켜 현종에게 옷을 지어 올리게 한다.

예상한 바대로 현종은 김은부의 맏딸뿐만이 아니라 세 명 모두를 왕후로 맞는다. 원성태후(元城太后), 원혜태후(元惠太后), 원평왕후(元平王后)가 그들이다.

만일 정상적인 상황이었다면 족내혼을 하는 고려 왕실의 법도상, 신분이 낮은 편인 김은부의 딸들을 왕후로 맞을 일은 없었을 것이다. 거란의 침공이 이들을 왕후로 맞이하게 했고, 이들과 현종 사이에서 드디어 네 명의 왕자가 태어난다.

이후 고려가 멸망할 때까지 현종과 김은부의 딸들의 직계자손들이 고려의 왕위를 잇게 된다. 어쩌면 역설적이게도 거란의 침공이 고려

왕조의 중흥을 이끌었다고 볼 수도 있겠다.

현종은 이곳 공주에서 시를 한 수 짓는다.

일찍이 남쪽 땅에 공주가 있다고 들었는데(曾聞南地在公州)
신선이 사는 곳처럼 경치가 영롱하여 끝이 없네(仙境玲瓏永未休).
마음이 기쁘고 즐거운 곳에 이르러(到此心情歡樂處)
뭇 신하들과 더불어 온갖 시름을 내려놓네(群臣共會放千愁).

하루에 세 번 싸워 세 번 모두 이기다

1월 22일, 양규는 여리참(餘里站)에 있었다. 여리참의 정확한 위치는 알 수 없지만 통주와 구주 사이의 산길에 있었을 것이다. 여리참에서 거란군을 발견하자, 양규는 즉시 칼을 빼어들었다.

"적들을 주살하라!"

양규의 명령을 따라 고려군들은 순식간에 거란군들을 강타했다. 양규의 부대는 거란군 1천여 명을 베고 사로잡혀 있던 남녀 1천여 명을 구했다.

이날 양규는 세 번 싸워서 세 번 모두 이겼다. 소수의 기동부대로 회군하는 거란군을 찾아서 족족 요격하고 있었다. 최대한 많은 포로를 구출하고자 했으며 또한 거란군에 심대한 타격을 입히려고 했다.

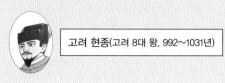
고려 현종(고려 8대 왕, 992~1031년)

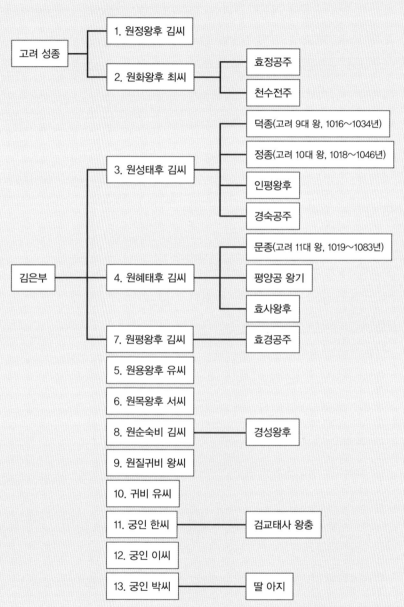

고려 성종
- 1. 원정왕후 김씨
- 2. 원화왕후 최씨
  - 효정공주
  - 천수전주

김은부
- 3. 원성태후 김씨
  - 덕종(고려 9대 왕, 1016~1034년)
  - 정종(고려 10대 왕, 1018~1046년)
  - 인평왕후
  - 경숙공주
- 4. 원혜태후 김씨
  - 문종(고려 11대 왕, 1019~1083년)
  - 평양공 왕기
  - 효사왕후
- 7. 원평왕후 김씨
  - 효경공주
- 5. 원용왕후 유씨
- 6. 원목왕후 서씨
- 8. 원순숙비 김씨
  - 경성왕후
- 9. 원질귀비 왕씨
- 10. 귀비 유씨
- 11. 궁인 한씨
  - 검교태사 왕충
- 12. 궁인 이씨
- 13. 궁인 박씨
  - 딸 아지

현종의 왕후들과 자식들

1월 28일, 곽주와 구주 사이 애전(艾田)에서 양규와 김숙흥이 만났다. 대규모의 거란군이 애전 쪽으로 오고 있었기 때문이다. 거란군 선봉대를 맞받아쳐서 거란군 1천여 명을 베었다. 그런데 곧 거란의 대부대가 당도했다. 거란 황제 야율융서가 이끄는 거란군 본대였다.

황제를 호위하는 본대다 보니, 그 숫자는 최소 3만에 달했다. 양규가 이끄는 고려군의 열 배를 상회하는 숫자였다.

양규와 김숙흥은 거란군 본대와 마주치고도 후퇴하지 않고 전투를 했다. 그들이 왜 후퇴하지 않았는지는 알 수 없다. 포로를 구하다가 후퇴할 시점을 놓쳤을 수도 있고, 지금까지 계속 승전했으므로 싸우면 이길 수 있다고 생각했을 수도 있다.

이즈음 전장에는 비가 내리기 시작했다. 비를 맞으며 고려군과 거란군은 사투를 벌였다. 종일의 전투 끝에 고려군은 압도적인 거란군에 완전히 포위되었다. 피를 뒤집어쓴 양규가 주위를 둘러보며 말했다.

"완전히 포위되었군."

김숙흥이 오른손으로 거란 황제의 깃발을 가리키며 말했다.

"지금 우리가 할 수 있는 일은 오직 한 가지밖에 없습니다."

김숙흥의 말에 양규가 무겁게 고개를 끄덕이며 군사들을 하나하나 바라보았다. 양규의 눈빛을 받은 군사들이 외쳤다.

"각하! 저희는 명령을 따를 준비가 되어 있습니다!"

군사들의 외침을 들은 양규가 칼을 뽑아 들고 거란 황제의 깃발을 가리키며 말했다.

"거란주의 깃발을 향해 진군하라! 오늘 우리가 거란주를 잡아 이 전쟁을 끝낼 것이다!"

고려군의 진영이 앞으로 전진하기 시작했다. 양규와 김숙흥은 방패를 들고 대열의 앞에 섰다. 그러나 결국 모든 군사가 쓰러지고 양규와 김숙흥만 남았다. 이 둘은 가쁜 숨을 몰아쉬었다.

거란 황제 야율융서가 양규와 김숙흥을 물끄러미 바라보는데 빗방울이 눈썹 위에 맺혔다. 시야가 흐릿해지자, 빗방울을 털기 위해 눈을 깜빡이며 고개를 약간 흔들었다.

"이얍!"

곧 양규와 김숙흥이 기합을 내지르며 야율융서를 향해 달려갔다. 거란군이 쏜 화살들이 양규와 김숙흥의 몸에 빼곡하게 박혔지만 두 사람은 계속 전진했다.

양규와 김숙흥은 최후의 순간까지 전투를 포기하지 않았다.

압록강이 거란군을 삼키다

양규와 김숙흥에 막혀 있던 거란군은 다시 행군을 시작했다. 그런데 비가 계속 쏟아지고 있었다. 늦겨울의 차가운 빗방울이 작고 예리한 비수가 되어 거란군사들에게 꽂혔다. 군사들에게 눈보다 무서운 것은 비였다. 압록강까지는 적어도 이틀 거리, 겨울옷과 갑옷으로 중무장하고 있던 거란군의 몸이 차갑게 젖어 들었고 해가 지자 꽁꽁 얼어붙었다.

거란군들은 밤새 비를 맞아서 죽을 고생을 해가며 행군했다. 말과 낙타는 추위와 배고픔에 쓰러져 갔다. 죽음의 행군 뒤에 겨우겨우 압록강에 당도했다. 압록강은 이제 얼음이 녹아 강물이 도도히 흐르고 있었다. 소배압이 명령했다.

"도강하라!"

거란군은 걸어서 도강할 만한 지점을 찾아 열 지어 강을 건너기 시작했다. 그러나 끝날 때까지 끝난 것이 아니었다. 흥화진사 정성이 도강하는 거란군을 기다리고 있었던 것이다. 정성은 거란군이 반쯤 도강할 때까지 기다렸다가 맹공을 가했다.

"한 명도 살려 보내지 마라!"

공격을 받은 거란 군사들은 갑옷과 무기를 버리고 강물을 향해 정신없이 뛰어들기 시작했다. 무수한 거란 병사가 화살에 맞아 죽고 물에 빠져 죽었다.

삼한후벽상공신(三韓後壁上功臣)

송나라 역사를 기록한 『속자치통감장편(續資治通鑑長編)』은 이때의 전쟁을 이렇게 기록하고 있다.

이때, 거란이 다시 대군으로 고려를 정벌했다. 왕순(현종)이 여진과 병사를 합쳐서 항거하여 거란군을 대패시켰다. 귀족과 병사, 수레 중에 돌아온 것이 드물었다. 관리들도 태반이 전사했다. 이에 유주(幽州, 현재 북경 근처)와 계주(薊州)에 영을 내려, 일찍이 관직을 구하려던 사람부터 조금이나마 글을 아는 사람까지 뽑아서 관리에 보충했다.

거란군은 개경까지 함락시켰으나 그 대가는 혹독했다. 역사는 사실상 고려의 승리라고 기록하고 있다. 이것은 모두 양규의 활약 때문이었다. 양규는 곽주를 탈환해내었으며, 거란군이 회군할 때는 한 달 동안 일곱 번 싸워 수많은 거란군을 주살했고, 3만에 달하는 고려인 포로를 구해냈다. 또한 노획한 말과 낙타, 병장기는 이루 헤아릴 수 없었다. 양규는 투철한 사명의식과 용맹으로 고려를 구해냈던 것이다. 그리하여 양규와 김숙흥은 삼한후벽상공신이라는 칭호를 하사받고 공신각에 이들의 초상화가 걸리게 된다.

양규에게는 양대춘이라는 아들이 있었다. 양대춘은 아버지 양규와 마찬가지로 군략에 뛰어나서 후에 이런 평가를 받게 된다.

"양대춘은 뜻이 높고 빼어나며 지략이 많아서 군사의 일에 익숙합니다. 만약 국경에 변란이 생긴다면 이 사람이 아니고서는 보낼 만한 사람이 없습니다."

한편 거란 황제 야율융서는 매우 화가 난 상태였다. 『속자치통감장편』의 기록대로, 거란군은 막대한 피해를 입었으며 전쟁에 패했다는 평가를 받았기 때문이다. 따라서 야율융서는 바로 고려를 침공하고 싶었다.

하지만 회군 길에 잃은 것이 너무 많았고 특히 말은 심각할 정도로 부족했다. 이 때문에 각 부족에서 말을 징발하는 데 필요한 수량을 채우느라 무리하게 되고, 결국 각지에서 반란이 일어나게 된다. 그 반란을 진압하느라 고려를 곧바로 공격하지 못한다.

이것은 모두 양규의 공이었고, 양규는 고려가 대비할 시간을 3년 이상 벌어준 것이었다.

계
속
되
는 위
기

강은천이 장원급제하다

『고려사』 성종 2년(983) • 12월

왕이 복시(覆試)를 실시하고 강은천(姜殷川) 등을 급제시켰다.

36살의 강은천은 983년에 과거에 장원급제한다. 관직에 진출하는 방법은 과거와 음서[68] 두 가지가 있었다. 이 두 가지 방법 중에 과거시험에 합격하는 것이 향후 승진을 위하여 훨씬 유리했다. 거기에 1등으로 합격한 장원급제자는 또 다른 혜택이 있었다.

약간 늦은 나이에 장원급제를 하긴 했지만 강은천은 나름대로 자신의 관직생활이 탄탄대로일 거라고 예상했다. 그러나 강은천의 관직생활은 그다지 순조롭지 않았다. 어쩌면 점을 쳐보고 이름을 바꿔야 출세한다는 점괘를 받았는지도 모르겠다. 강은천은 결국 개명을 한다. 그 바꾼 이름이 강감찬이었다.

강감찬의 5대조는 강여청(姜餘淸)인데, 신라에서 시흥군(경기도 시흥시)으로 이주했다고 한다. 부친인 강궁진(姜弓珍)은 고려의 태조 왕건을 도와 삼한벽상공신(三韓壁上功臣)이 된다. 아버지가 삼한벽상공신이니 꽤 유력한 집안이었을 것이다. 강감찬의 탄생에 대해서는 이런 설화가 전한다.

"어떤 사신(使臣)이 밤중에 시흥군으로 들어오다가 큰 별이 어느 집에 떨어지는 것을 보았다. 그래서 관리를 보내어 살펴보게 하였더니, 마침 그 집의 부인이 사내아이를 낳았다. 그 사신이 기이하게 여기고는 개경으로 데려와 길렀는데, 이 사람이 바로 강감찬이었다."

낙성대 안의 안국사. 강감찬을 기리기 위해 1973년에 세운 사당이다.(©길승수)

강감찬 생가터로 낙성대에서 400미터쯤 떨어진 곳에 있다.(©길승수)

만년 부장 강감찬

강감찬의 『고려사』 기록은 983년 과거 합격 이후로 전혀 없다가, 26년 후 1009년에 예부시랑(정4품)으로 과거시험을 주관하는 데서 나온다.

현종 즉위년(1009). 예부시랑 강감찬을 지공거로 임명해 진사를 뽑게 했다.

강감찬이 과거 급제(983년)한 이후, 거란 황제 야율융서의 침공(1010년) 전까지, 고려는 굵직한 사건 두 가지를 겪는다. 993년도의 소손녕의 침공과 1009년도에 발발한 강조의 정변이었다.

그러나 『고려사』에 기록이 없어 소손녕의 침공 때 강감찬이 무슨 역할을 했는지는 알 수 없다. 좀 더 기록이 풍부한 강조의 정변 때도 마찬가지다. 그러나 강조의 정변 후 관직 이동 상황을 보면, 강감찬이 어떤 주요한 일을 하지 않았고 조정에서도 중심세력이 아니었음을 알 수 있다.

정변을 일으킨 강조와 이현운, 거기에 동조한 하공진, 탁사정 등은 초고속 승진을 했다. 정변에 동조하지 않았지만 당시 조정의 중심세력이었던 채충순, 최사위, 최항 등도 몇 단계를 뛰어넘는 승진을 한다.

최사위의 예를 보면, 시어사(종5품)에서 형부상서(정3품)로 5단계를 뛰어 넘는 초고속 승진을 한다. 최사위는 당시 49살로 강감찬보다 13살이나 어렸다.

강감찬은 이때 예부시랑(정4품)에 머물러 있었다. 과거에 급제한 사람들의 예를 보면, 서희의 경우에는 과거에 급제한 후 시랑(정4품)으로 임명되기까지 12년 정도 걸렸다. 최항의 경우에는 장원급제를 한 후에 추밀원사(종2품)가 되는 데 15년 정도밖에 걸리지 않았다.

강감찬의 경우에는 장원급제를 한 데다가 관직생활이 벌써 26년째이고 나이도 62살인데 예부시랑(정4품)이었다. 어쩌면 강감찬은 만년 부장 느낌의 관료였을 것이다. 강감찬은 1010년 거란군이 침공하기까지 눈에 띄는 관료가 아니었다.

강감찬과 관련된 설화들

전국 각지에 강감찬에 대한 설화가 많이 존재한다. 주로 백성의 어려움을 돌봐주는 내용인데 매우 해학적이며 강감찬의 외모에 대한 내용도 있다.

1) 벼락 꺾은 강감찬*

이 벼락 맞는 것이 이제는 과학적으로 설명이 되지만 예전에는 몰랐단 말이야. 하여간 이 뇌성벽력이 치면 불길이 일어나면서 사람을 치면 사람이 죽고, 나무를 치면 나무가 망가지지.

옛날에 하늘에서 벼락신이 벼락을 쳐서 사람을 죽이는데, 그냥 마구 치는 것은 아니었어. 무슨 죄가 있어야 치지. 그런데 아주 작은 죄에도 벼락신이 벼락을 마구 쳐대는 거야.

우물가에서 똥만 눠도 벼락을 쳐서 사람을 죽이니까 아주 환장하는 거지.

그런데 그 강감찬이란 분이 보니, 이대로 두었다가는 사람이 뭐 반수 이상 소멸될 것 같단 말이야. 그래서 이래선 안 되겠구나 하고 벼락을 꺾어버리기로 해.

강감찬이란 분이 어떻게 벼락을 꺾었냐고? 우물가에 가서 궁둥이를 까고 똥을 누는 척했지. 그랬더니 어김없이 벼락이 떨어지더란 말이지.

그래서 그걸 붙잡아서 확 꺾어버렸어. 강감찬이 벼락을 꺾어버리자 또다시 벼락이 떨어졌어. 강감찬은 또 그걸 잡아 꺾어버렸지.

그랬더니 이제 벼락신이 벼락을 던지지 못하는 거야. 왜냐면 벼락살은 모두 세 개거든, 그런데 두 개가 이미 꺾어졌으니 이제 함부로 못 치는 거지.

---

* '장서각 디지털아카이브 한국구비문학대계' 중에서 강감찬 설화를 각색함.

그래서 요새 벼락이 칠 때 보면, 벼락이 하늘에서 맴돌다가 없어지지. 그게 강감찬이 무서워서 벼락신이 땅에 벼락을 못 던지는 거야.

2) 강감찬은 장구머리

다음은『고려사』에서 강감찬의 외모를 묘사한 부분이다.

체구가 작은 데다가 얼굴이 못생겼으며 의복은 더럽고 해어져 있었다.

강감찬의 외모를 '체구가 작은 데다가 얼굴이 못생겼다'라고 표현했다. 체구가 작다고 묘사한 부분은 이해되나 도대체 얼마나 못생겼어야『고려사』라는 공식 역사서에 못생겼다고 기록에 남을까! 혹시

강감찬과 벼락신(벼락신은 동양 신화 속의 존재로 뇌공(雷公), 뇌사(雷師) 등으로 불린다.)

번역자가 의역을 했을 수도 있으니 원문을 보자.

'體貌矮陋(체모왜루)'

여기서 矮陋(왜루)의 사전적 의미는 '키가 작고 보기가 흉함'이다. 외모가 못생긴 정도가 아니라 흉한 정도인 것이다. 이렇게 묘사될 외모를 상상해보자! 그런데 감이 잘 오지 않는다.

그런데 황해도에는 '장구머리사또'라는 설화가 전해져 내려온다.[69]

내용은 황해도 해주에 '장구머리사또'가 부임하여 맹꽁이와 호랑이를 퇴치하는 내용이다. 흔히 알려진 강감찬 설화와 거의 일치하여 주의 깊게 보다 보니, 설화 내용 끝에 부연 설명으로 장구머리사또가 강감찬이라고 한다.

외모에 대한 설화의 묘사를 각색해서 옮겨보면 다음과 같다.

"머리가 이렇게 여기도 나오고, 저기고 나오고, 요기도 나오고, 아마 사방으로 머리가 나와서 장구머리사뚜라고 한 건가 봐요."

우리의 강감찬 상원수께서는 키가 작고 머리는 매우 컸다. 즉 가분수의 외모를 가지고 계셨던 것이다.

한림학사승지

앞에서 우리는 1010년 12월 말, 거란 황제가 이끄는 대군이 개경에 접근했을 때 모든 신하가 현종에게 항복을 발의하지만, 강감찬 홀로 항전을 주장했음을 보았다. 그때 강감찬이 한 말이 바로 "서서히 이길 방법을 찾아야 합니다!"였다.

거란군이 물러간 후, 현종은 강감찬을 한림학사승지(翰林學士承旨)에 임명한다. 한림학사승지는 정3품의 관직으로 임금을 수행하며 임금의 명령에 대한 글을 짓는 관직이었다. 임금을 가까이 모시는 만큼 요직 중의 요직이었다. 이제부터 강감찬은 승진 가도를 달리기 시작한다.

현종, 다시 찾은 개경에서 전후 수습에 매진하다

1011년 2월 23일, 몽진에서 돌아온 현종을 맞이한 것은 검게 재로 변한 개경과 궁궐이었다. 현재 만월대라 불리는 고려의 정궁은 모두 폐허로 변했다. 그런데 불행 중 다행히도 별궁 가운데 하나인 수창궁(壽昌宮)은 화마의 피해에서 벗어나 있었다. 현종은 수창궁에 기거하게 된다. 이때 불탄 궁궐을 재건하는 데 3년이란 시간이 걸린다.

민심을 수습하기 위해서는 먼저 이번 전쟁에서 전공을 세운 사람들을 포상해야 했다. 현종은 가장 먼저 양규와 김숙흥을 포상하고 그 가족들을 위로했다.

양규에게 공부상서(工部尚書)를 추증하였고, 양규의 부인 홍씨(洪氏)에게는 매년 곡식 100석을 내려주고, 아들 양대춘을 교서랑이라는 관직에 임명했다. 김숙흥에게는 장군(將軍)을 추증하였으며, 김숙흥의 어머니 이씨(李氏)에게는 매년 50석의 곡식을 지급하게 했다.

그 외에도 신녕한, 채온겸, 법언 등 전사한 장수들의 집에 쌀과 베를 내려주었다. 또한 전사한 사람들의 유골을 수습해 매장하고 제사를 지내주게 했다. 전선을 지킨 장수들과 두려움에 맞선 병사들이 고려를 지켜낸 것이다. 그들을 기억해야 했다.

또한 성종 때 폐지되었던 연등회와 팔관회를 부활시켰다. 연등회와 팔관회 모두 국가와 개인의 안녕을 기원하는 행사였다. 어려운 시기에 사람들의 마음을 달래고 하나로 모을 수 있는 국가적 행사가 필요했다.

그리고 불에 타버린 고려 초기 기록들을 복원할 것을 명령했다(1013년). 이 일에는 많은 시간이 걸려서 20여 년이 지나서야(1034년 즈음) 칠대실록(七代實錄)이라고 불리는 고려 초기 역사 기록물이 어느 정도 복원된다.[70]

현종은 남쪽으로 몽진을 하는 와중에 부처님에게 기도했다.

"만일 거란군이 물러간다면 대장경의 간행을 맹세합니다."

개경으로 돌아온 현종은 맹세한 대로 대장경을 목판에 판각할 것을 지시했다. 이 대장경 판각 작업은 현종 치세 내내 이루어진다.[71] 이렇게 만들어진 대장경판을 『진병대장경판(鎭兵大藏經板)』[72]이라고 불

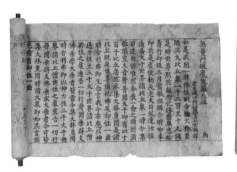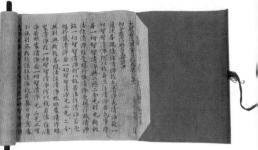

초조대장경(출처: 국립중앙박물관 e뮤지엄)

렀다.

'난리를 진압하는 군사와 같은 대장경판'이라는 뜻이었다.

이 『진병대장경판』은 대구 부인사(符仁寺)에 보관해오다가 몽골군의 침공 때(1232년) 소실된다. 그래서 『진병대장경판』을 본받아 몽골군을 격퇴하려는 염원을 담아 다시 만든 대장경판이 그 유명한 『팔만대장경판』이다.[73] 진병대장경은 초조대장경이라고도 불린다.

현종은 전쟁 중에 지은 죄에 대해서는 모두 불문에 부쳤으나 서경에서 대도수를 버리고 도망간 탁사정을 유배형에 처했고, 전주절도사 조용겸, 전중소감 유승건 등은 관직을 삭탈했다.[74]

전쟁에 대비하는 고려

거란 황제 야율융서가 고려 원정에서 돌아온 후, 연운 16주 지역에는 황제의 명으로 방(榜)이 붙었다.

"조금이라도 글을 아는 자는 관직에 지원하라!"

글을 약간이라도 아는 사람이라면 누구든 관직을 준다는 내용이었다. 거란 황제가 직접 고려를 원정한 결과는 참혹했다. 귀족과 병사들 중에 돌아온 자가 드물었고 관리들도 태반이 전사했다. 그러니 관리의 숫자가 부족할 수밖에 없었다. 글만 깨우치면 관리로 등용할 정도로 거란의 피해는 심각했다.

고려는 비록 거란군을 물리쳤으나 그 피해도 막대했다. 더 이상의 전쟁을 치르는 것은 너무나도 무리한 일이었다. 고려는 외교적으로 두 나라 사이의 문제를 해결하기를 원했다.

현종은 다시금 거란에 화의를 구하는 사신을 파견하기로 결정한다. 그러나 전쟁 전에 사신으로 갔던 진적, 왕동영, 윤여 등은 모두 거란에 억류되어 있었다. 이 사행길은 어쩌면 돌아올 수 없는 길이었다. 그렇지만 누군가는 가야 했다. 이번에는 공부낭중(工部郎中) 왕첨(王瞻)이 거란에 가기로 한다. 왕(王)이라는 성으로 보았을 때 고려 왕실 가문의 사람이었던 것으로 추정된다.

외교로 전쟁이 종식되면 가장 좋겠으나 또한 전쟁에도 대비해야 했다. 1011년 5월, 유방(庾方)을 병부상서 겸 상장군으로 임명했다. 유방은 소손녕의 침공 때(993년) 안융진을 지켜낸 장수였다. 그 뒤 승승장구했는데, 1010년 전쟁에서는 아무런 역할도 하지 않았었다. 아무래도 강조의 정변에 찬성하지 않아서 관직에서 물러나 있었던 것으로 보인다. 현종은 유방을 다시 등용하여 국방에 관한 일을 맡겼다. 그리고 7월 최사위를 서북면행영도통사로 임명했다. 도통사가 임명되었다는 것은 군대를 다시 소집한다는 뜻이었다. 고려 조정은 다시금 거란군의 침공을 예견하고 있었다.

다행히 8월 즈음에 왕첨이 돌아왔다. 왕첨이 돌아온 후, 고려의 사신들은 연달아 거란으로 향했다. 8월 26일에는 호부시랑 최원신을, 10월 26일에는 도관낭중 김숭의를, 11월 13일에는 형부시랑 김은부를 거란에 보냈다. 거란에서 더는 사신을 억류하지 않고 있었기 때문에 고려 조정은 적극적으로 사신을 보내 화의를 성립시키려고 했다.

그 와중에 개경의 송악성(松岳城)을 보수하고 서경에 황성(皇城)을 쌓았다. 송악성은 개경을 둘러싼 성곽을 말하는데 이것을 보수하여 개경의 방어력을 높인 것이다. 서경 황성은 서경 안을 가로지르는 성벽으로 역시 방어력을 높이기 위해서 쌓은 것이었다.

현종이 재건되고 있는 궁궐을 바라보며 다짐했다.

"다시는 도성을 버리지 않을 것이다."

현종이 나주로 몽진을 갈 때, 지방의 관리와 호족들은 종이호랑이 같은 왕을 조롱하고 능멸했다. 중앙에서 지방을 장악하지 못하고 있었기 때문이었다. 지방관을 파견한 곳은 얼마 되지 않았고 반독립적인 상태였다. 따라서 지방제도를 정비하여 중앙통제력을 확보해야 했다.

현종은 성종 때 만든 12주(州)의 절도사를 폐지하고, 5도호부(都護府)를 두고 75도(道)에 안무사(安撫使)를 파견했다(1012년 1월)[75]. 좀 더 많은 지방관을 파견하여 중앙집권을 강화한 것이다. 이후로도 지속적으로 지방제도를 정비하여 기본 뼈대를 완성하게 된다. '5도양계(五道兩界)'라고 불리는 이 제도는 한국의 지방 구획의 원형이 된다.

서북면(북계)

안북도호부

서경

황주목

서해도   교주도

개경
○남경
광주목
양광도 충주목

청주목   상주목

전주목   경상도

전라도 진주목   동경

나주목

탐라

5도양계

동북면
(동계)

그런데 문제는 전혀 예상하지 못한 다른 곳에서 발생했다.

영일만

개경에서 거란군을 방어하기 위한 준비가 한창일 때, 영일만 앞바다에 100여 척의 배가 나타났다(1011년 8월). 100여 척의 배는 영일만에 진입하여 형산강 하구를 따라 강을 거슬러 올라갔다. 이 배들이 다다른 곳은 천년의 수도 경주였다.

곧 배 안의 사람들이 내리기 시작했다. 이들의 복장은 중구난방이었다. 웃통을 벗은 사람, 약간의 갑옷을 입은 사람, 갑옷은 없고 투구만 쓴 사람 등등. 그리고 몽둥이나 칼, 활 등으로 무장하고 있었다. 그런데 고려인이 아닌 것은 확실했다. 모두 변발을 하고 있었기 때문이다. 이들은 두만강 너머 해안가에 사는 여진족들이었다.

6년 전인 1005년에도 이들은 등주(登州, 지금의 강원도 안변군)를 약탈했었다.

『고려사』 1005년 8년 봄 정월.
동여진이 등주(지금의 강원도 안변군 안변)를 침략해 부락 30여 곳을 불태우자 장수를 보내어 막게 했다.

이 이후 고려는 등주 근처 진명현에 수군 군영인 진명도부서(鎭溟都

部署)를 설치하여 여진 해적의 침입에 대비했다. 그 이후 여진 해적의 침입이 없다가, 6년 만에 거의 1,000km를 항해하여 경주를 급습한 것이었다. 고려와 거란의 전쟁 상황을 알고 계획적으로 습격한 것으로 보인다.

이때 갑자기 습격을 당한 경주의 피해 상황은 자세히 전해지지 않는다. 여진 해적들이 형산강을 거슬러 오느라 꽤 시간을 지체했을 것이고 그래서 대부분의 경주인은 대피했을 수도 있다. 그래도 상당한 재물들을 약탈당했을 것이다.

거란과의 전쟁 준비로 한창인 고려 입장에서는 매우 뼈아팠다. 평상시 같으면 피해를 입을지언정 여진 해적들을 막아내는 것은 어려운 일이 아니었다. 그런데 지금은 거란군의 재침에 대비한 준비를 하느라 여념이 없었다. 그 사이에 대비하기 힘든 후방 깊숙한 곳을 여진 해적들이 습격한 것이다. 이때, 거란군의 대규모 침공이 예상되는 상황에서 중앙군을 경주로 보낼 수는 없었다.

굳세고 과감한 의기(志氣)의 소유자

경주를 약탈하는 데 성공한 여진 해적들은 물러갔다. 그렇지만 습격에 성공한 여진 해적들의 침입은 계속될 것이었다. 대비책을 세워야 한다. 시름에 찬 표정으로 신하들을 굽어보던 현종의 눈에 한 사람이 보였다.

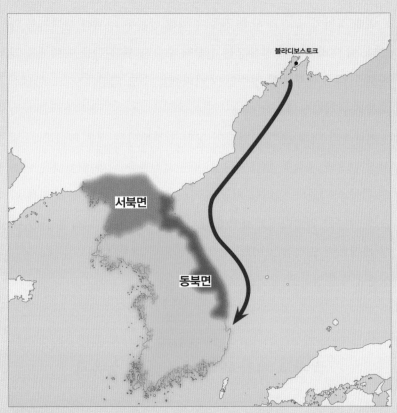

블라디보스토크

서북면

동북면

영일만으로 들어오는 해적들

체격이 작고 귀가 크고 입술이 위로 말린 49세 나이의 강민첨. 작년 거란 황제 야율융서의 침공 때, 조원과 더불어 서경을 지켜낸 사나이였다. 강민첨은 무술에 능하지는 못했지만 '굳세고 과감한 의기의 소유자'였다고 『고려사』는 전한다.

현종은 강민첨과 더불어 문연, 이인택, 조자기를 영일만 지역으로 파견한다. 그런데 중앙으로부터의 지원은 없었다. 이 지역의 자원만을 가지고 대비책을 세워야 했다.

거란 황제의 침공 때 극도로 어려운 상황에서도 서경을 지켜낸 강민첨이 다시 활약할 순간이었다.

강민첨 초상화.
서울의 국립중앙박물관과
경상남도 진주시 은열사(殷烈祠)에는
강민첨의 초상화가 있다. 초상화는
고려 문종(文宗, 재위 1046~1083년) 시기
공신각에 모셔질 때 그려졌고, 지금의
초상화들은 조선 시대 때(1788년)
원본을 모사해 그린 것이다.

하공진의 절개

하공진은 거란군을 따라 압록강을 건넌 후에, 고영기와 은밀히 모의하고 거란 황제 야율융서에게 청했다.

"본국이 이미 멸망했으니 신들이 군사를 거느리고 가서 점검하고 오겠나이다."

하공진은 이렇게 말하고 고려로 가서 거란으로 돌아오지 않을 생각이었다. 그런데 야율융서가 선선히 이를 허락했다. 하공진과 고영기는 속으로 매우 기뻐했다.

그런데 얼마 후에 현종이 개경으로 다시 돌아온 사실이 거란에도 전해졌다. 야율융서는 명령을 취소하고, 하공진을 남경(南京, 지금의 북경)에 있게 하고 좋은 집안의 딸을 아내로 삼게 했다.

그러나 하공진은 고려로 돌아가고 싶었다. 좋은 말을 많이 사들여서 고려로 돌아갈 계획을 세웠는데 어떤 사람이 그것을 밀고했다. 야율융서가 하공진을 잡아다가 직접 신문했다.

"그대가 고려로 도망치려 했다는 것이 사실인가?"

"사실입니다."

하공진의 말에 야율융서의 인상은 구겨질 대로 구겨졌다. 하공진이 다시 말했다.

"저는 본국에 대해서 감히 배반할 마음을 가질 수 없습니다. 폐하를 속인 죄는 만 번 죽어 마땅합니다. 그렇지만 살아서 거란을 섬기고 싶지는 않습니다."

야율융서가 대견한 표정으로 하공진을 보았다.

"그대는 의로운 사람이다. 그대를 용서하겠다. 그러니 마음을 바꿔서 짐에게 충성을 다하도록 하라!"

하공진이 강경하게 말했다.

"나는 고려의 신하다!"

몇 번을 물어도 하공진의 말은 한결같았다. 야율융서가 마침내 하공진을 죽였다.

강동6주를 반환하라!

1011년 5월경 고려의 공부낭중 왕첨이 와서 말했다.

"군대를 철수해주신 것에 대해서 감사드리옵니다."

그 뒤로 고려의 사신은 계속 왔다. 거란의 군사행동을 두려워하는 것이 분명했다.

1012년 4월 3일, 고려의 사신 채충순이 와서 말했다.

"예전처럼 고려 국왕이 폐하의 신하로 칭하겠사오니 허락하여주십시오."[76]

거란 황제 야율융서가 채충순을 보았다. 채충순은 고려 왕이 나주로 피난 갈 때 끝까지 수행했다고 한다. 훌륭하고 의리 있는 신하였다. 야율융서는 채충순에게 조서를 내렸다.

"고려 왕이 직접 이곳으로 와서 나를 만나도록 하라!"

거란 황제 야율융서는 한족 황제의 복장을 하고 있고, 그 앞에는 거란족 관리와
한족 관리가 앉아 있다.

　　야율융서는 끈질겼다. 그 끈질김의 근원은 저번 전쟁에서 자존심
이 상할 대로 상했기 때문이었다. 거란 역사상 가장 많은 병력을 동
원하고도 고려를 어찌하지 못했다. 오히려 수많은 병력을 잃었고 물
자의 손실도 엄청났다. 자신도 비를 맞으며 죽을 고생을 했다. 그 무
너진 자존심을 회복하기 위해서는 고려 왕이 직접 자신 앞에서 머리
를 조아려야 할 것이었다. 크게 당황한 채충순이 조서를 들고 고려로
돌아갔다.

　　1012년 8월, 고려의 형부시랑(刑部侍郎) 전공지(田拱之)가 왔다. 전공
지가 머리를 조아리며 말했다.

"폐하께 문안을 드리옵니다."

전공지가 절을 하고 일어나자 야율융서가 물었다.

"고려 왕 왕순은 편안한가?"

"신들이 올 때에는 왕이 편안했습니다."

야율융서가 힐난했다.

"그런데 왕순은 왜 오지 않은 것인가?"

전공지가 조신한 태도로 말했다.

"저희 왕께서 병에 걸리셔서 친히 오시기 힘듭니다. 폐하의 양해를 간곡히 구하라고 하셨습니다."

전공지의 말에 야율융서의 얼굴에 노기가 서렸다. 분노에 찬 야율융서가 조서를 내렸다.

"홍화진, 통주, 용주[77], 철주[78], 곽주, 구주 등의 여섯 성을 다시 반환하도록 하라!"*

현종이 오지 않을 것이라면, 그 대신 강동6주를 내놓으라는 것이었다. '강동6주'라는 명칭은 원래 고려의 서북면을 칭하는 거란 측의 용어였다. 하여간 야율융서는 고려와의 전쟁에서 강동6주의 무서움을 뼈저리게 경험했다. 기마병의 빠른 기동력도, 전쟁으로 단련된 군사도 굳건하게 버티고 있는 성 앞에서는 무용지물이었다.

야율융서는 고려의 무장해제를 요구하고 있는 것이었다. 그러나 강동6주는 고려로서도 없어서는 안 될 강력한 방패였다. 절대 내어줄

---

* 이때 처음으로 강동6주라는 용어가 등장하게 된다. 이 용어는 거란 측 용어이고 강동6주의 고려 측 용어는 서북면이다. 그러나 현재에는 흔히 통용되고 있다.

수 없었다. 고려에서는 계속 사신을 파견하여 야율융서의 마음을 돌리려고 했다. 그러나 야율융서의 마음은 확고했다.

협상이 결렬되면 남은 것은 전쟁이었다. 두 나라 간에 전쟁의 기운이 다시 무르익고 있었다.

1012년 5월 2일 영일만

영일만을 통해 경주를 습격했던 여진 해적들이 9개월 만에 다시 영일만으로 들어오고 있었다. 영일만 지역 봉수대에서 봉화가 올랐다. 봉화가 오르자 들판에서 일하던 사람들이 근처 읍성으로 일사분란하게 뛰어 들어갔다. 우왕좌왕하던 작년과는 완전히 달랐다.

여진 해적의 침입에 대비하여 청하(淸河), 흥해(興海), 영일(迎日), 장기(長鬐), 울주(蔚州)에 성을 쌓았다.

"여진 해적들이 침입하면 주민들은 근처 읍성으로 대피한다."

이것이 첫 번째 작전이었다.

해적선이 다시 형산강 하구로 진입을 시도했다. 여진 해적들의 목표는 역시 황금의 도시 경주였다. 그런데 형산강 하구로 들어서던 해적선들이 갑자기 움직이지 못했다. 형산강 하구에 장애물이 설치되어 있었던 것이다. 결국 해적들은 경주로 가지 못하고 배에서 내려 영일읍성을 약탈하려고 했다.

영일읍성의 백성들은 긴장된 표정으로 다가오는 해적들을 보고 있

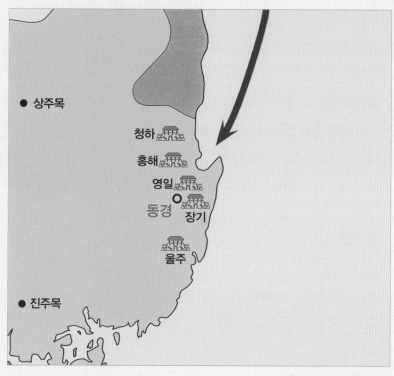

축성 지도와 여진 해적

강민첨이 고려 전함을 지휘하고 있다.

었다.

그때 영일만 먼 바다에서 긴 뿔나팔 소리가 울려 퍼졌다.

"뚜웅~."

영일만으로 고려 전함들이 들어오고 있었다. 영일읍성의 성벽 위에서 고려인들이 기쁨의 함성을 질렀다.

"와! 와! 우리 고려 전함이다!"

여진 해적들은 고려 전함들을 보고 부랴부랴 다시 배에 올랐다. 고려 전함들과 여진 해적선들이 점점 가까워졌다.

1012년 5월 『고려사』

동여진이 청하현·영일현·장기현을 침략하였다. 강민첨·문연·이인택·조자기를 보내 공격하여 달아나게 하였다.

이때 고려 전함들이 여진 해적선을 어떻게 격퇴했는지는 자세한 기록이 없어서 알 수 없다. 그런데 7년 후인 1019년, 여진 해적들은 일본의 쓰시마섬과 이키섬 등을 약탈한다. 고려를 공격하는 것이 어려워지자 일본을 습격한 것이었다.

여진 해적들은 쓰시마섬과 이키섬을 초토화한 후, 돌아가는 길에 고려군 함대를 만난다. 이때 상황이 일본 사서인 소우기(小右記) 등에 자세히 기록되어 있다.

고려 전함의 모습은 높고 거대하며 특이했으며 병사들은 철갑옷을 입고 창과 갈고리로 무장했다. 배의 전면에는 철로 뿔을 만들어 적선을 충파했

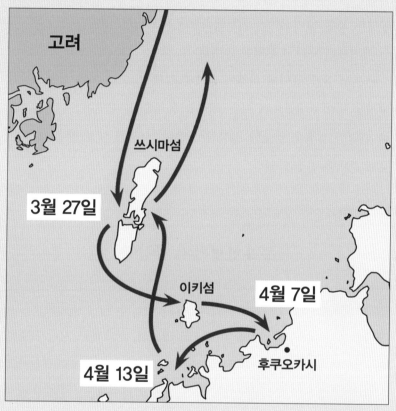

고려

쓰시마섬

3월 27일

이키섬

4월 7일

4월 13일

후쿠오카시

여진 해적의 일본 침략

고 동시에 큰 돌을 쌓아두었다가 적선을 때려 부쉈다.

위 기록은 7년 후 이야기이지만, 강민첨 역시 이런 방식으로 여진 해적을 상대했을 것이다. 강민첨 등은 경주 인근의 자원만을 가지고 중앙의 도움 없이 결국 여진 해적들을 격퇴했다. 그리고 이 이후 여진 해적들의 대규모 침략은 종식된다.

43세의 늦은 나이에 과거에 급제한 강민첨. 그는 비록 서생이지만 서경을 방어해내었으며 여진 해적을 물리쳤다. 강민첨은 점차 군사에 관련한 경험을 쌓으며 강감찬이 말한 '서서히 이길 방법'에 힘을 보탤 준비를 하고 있었다.

동북면병마사 강감찬

강감찬은 30여 년간 관직을 이어오고 있었다. 군대와는 거리가 멀었다. 그런데 1012년, 강감찬은 동북면병마사가 되어 군대를 지휘하고 있었다. 강감찬의 나이는 65살, 이미 고령의 나이에 군 경력을 쌓고 있는 셈이었다.

동북면은 서북면과 더불어 고려의 국경지대로서 특히 여진족을 방어하기 위하여 설치된 행정구역이었다. 동북면병마사는 동북면의 최고위직으로 특히 군사적인 능력이 있어야 임명되는 자리였다.

이즈음 감찰어사 이인택이 강감찬을 탄핵했다.[79] 감찰어사는 관리들의 비리를 감찰하는 자리였다. 강감찬이 현종의 강력한 신임을 받고 있음에도 이인택은 강감찬을 탄핵했던 것이다. 그렇다면 분명 강감찬이 법령에 위반된 모종의 행위를 했을 터다.

그러나 현종의 선택은 강감찬이었다.

"감찰어사를 파직하라!"

오히려 현종은 이인택을 파직시켰다. 강감찬에 대한 현종의 신뢰는 이처럼 확고했다.

거란의 전쟁 준비

1013년 5월, 드디어 거란군은 군사행동을 시작했다. 이제 고려에서도 전쟁을 피할 수 없다는 것을 알게 되었다.

『고려사』 1013년 5월

1013년 5월 임인일(12일). 여진족이 거란군을 인도해 압록강을 건너려 하자 대장군 김승위 등이 이들을 격퇴했다.

1013년 10월 8일, 거란 황제 야율융서는 고려의 사정을 잘 아는 여진인을 접견했다. 이 여진인이 이렇게 보고했다.

"3년 전, 신은 고려군에 포로가 되어서 억류되어 있던 까닭에 고려에 대하여 잘 압니다. 개경 동쪽으로 말을 타고 7일을 가면 큰 성채가 있는데 넓기는 개경과 같습니다. 주변의 주(州)에서 바치는 진귀한 것들을 모두 여기에 쌓아둡니다. 승주(勝州, 전라남도 순천시), 나주(羅州) 등 남쪽에도 역시 두 개의 큰 성채가 있는데 쌓아두는 것은 같습니다."

이 여진인은 거란 황제 야율융서의 고려 정벌에 참여했다가 고려군에 포로로 잡힌 것으로 보인다.

소손녕의 침공(993년) 이후 고려와 거란은 국교를 맺고 정기적으로 사신이 오갔다. 더구나 1002년에는 고려에서 고려의 지리도(地里圖)를 보냈었다. 그럼에도 거란은 고려의 지리에 대해서 자세히 알지는 못했다. 고려에서 정보를 통제했고 고려에서 보낸 지리도도 가짜이거나 잘못된 정보가 가득한 지도였을 것이다. 야율융서는 고려의 영토 깊숙이 들어갔다가 지독한 고생을 했다. 따라서 최대한 많은 정보를 모으려고 했다.

부교

야율융서의 전쟁 준비는 치밀했다. 고려와의 국경인 압록강은 거대한 장애물이었다. 거란군은 압록강이 어는 시점에 전쟁을 시작해서, 강물이 녹기 전에 전쟁을 끝내야 하는 시간적 한계가 있었다. 겨우 두 달 남짓한 기간이다. 저번 전쟁에서 압록강이 녹은 상태에서 퇴각하다가 고려군의 공격을 받아 무수한 병사를 잃었다. 같은 실수를 반복하면 안 된다.

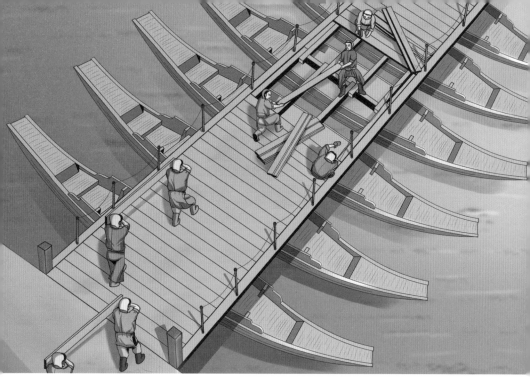

거란군이 압록강에 놓은 부교(배다리)

1014년 6월, 거란 성종은 압록강에 부교(浮橋), 즉 떠 있는 다리를
건설할 것을 명령한다. 다리가 있다면 혹한기 겨울이 아니어도 전쟁
수행이 가능했다.

『요사』 1014년 6월
이해 여름에 국구상온 소적렬과 동경유수 야율단석 등에게 조서를 내려
고려를 토벌하기 위해 압록강에 부교를 만들고, 보주(保州) 등에 성을 쌓
으라고 하였다.

부교가 완성되자 이제 거란군은 수시로 압록강을 건널 수 있었다.

그리고 압록강을 넘어 지금의 의주 지역에 보주라는 성까지 쌓았다. 마침내, 전쟁 준비가 완벽히 끝난 것이다.

1014년 10월, 소적렬은 부교를 건너 다시 고려를 침공했다. 도통을 임명하지 않은 원정이어서 6만가량의 기병들이 동원되었다.

『고려사』 1014년 겨울 10월

거란이 국구상온 소적렬을 보내 통주를 침략하였다. 흥화진 장군 정신용과 별장 주연이 공격하여 패퇴시켰는데, 7백여 급의 목을 베었고 강에 빠져 죽은 자도 매우 많았다.

고려군이 거란군을 막아냈지만 이 공격은 고려를 흔들고자 하는 목적이었다. 이제 거란군은 언제든지 압록강을 넘을 수 있었다. 고려 입장에서 부교는 눈엣가시였다. 1015년 1월, 고려 조정은 군대를 보내 부교를 부수고자 했다.

『고려사』 1015년 1월

거란이 압록강에 다리를 만들고, 강을 넘어 동쪽과 서쪽에 성을 쌓았는데, 장수를 보내 공격하여 파괴하려 하였으나 성공하지 못하였다.

결국 고려는 부교를 없애지 못했다.

송나라와의 외교

거란의 위협이 점차 증대하자, 고려는 송나라와 외교관계를 맺으려고 했다.

그런데 거란 황제 야율융서가 고려를 침공할 때(1010년), 송나라에서는 고려가 혹시라도 자신들에게 귀순하거나 원군을 요청할까 봐 겁을 냈었다. 강력한 거란 대군이 고려를 무너뜨릴 것이라 예상했었고 따라서 거란과 문제를 만들고 싶지 않았던 것이다.

그러나 송나라의 예상과 다르게 거란군은 큰 피해를 입고 고려에서 물러났다. 송나라는 이 사실을 잘 파악하고 있었다.

1014년, 고려에서 사신을 보내온다. 송나라 조정의 분위기는 1010년과는 정반대로 달라져 있었다. 거란의 눈치를 보느라, 1010년에는 고려 사신이 송나라 수도 개봉에 오는 것조차 막으려고 했었다. 그런데 이번에는 송나라 황제 진종과 재상 왕단이 1010년과 다르게 상당히 호기롭게 말한다. 고려가 거란을 막아냈기 때문이다.『속자치통감』에 당시 송나라 조정에서 벌어진 상황에 대해 자세히 기록되어 있다.

『속자치통감』1014년 10월

고려가 바야흐로 거란과 전쟁을 하고 있는데 마침내 우리에게 사신을 보내 조공을 하려 했다. 황제가 재상 왕단에게 말했다.

"고려가 오랫동안 조공하지 않았는데, 이제 고려 사신이 대궐에 오는 것을 허락했소. 그런데 거란이 필히 그것을 알게 될 것이오."

왕흠약이 난색을 표하며 말했다.

"고려의 사신이 대궐에 도달하면, 거란의 사신과 동시에 대궐에 있게 됩니다."

왕단이 말했다.

"외번이 조공하는 것은 중국을 존중하는 것이고 그래서 늘 있는 일입니다. 저쪽과 이쪽이 불화가 있는데, 우리 조정이 어찌 한쪽 편을 들겠습니까!"

황제가 말했다.

"경의 말이 요점을 깊이 있게 짚은 것이오."

황제의 명에 따라 관사를 설치하고 고려 사신들을 대접하게 했다.

두 달 후, 고려 사신 윤징고는 드디어 송나라 수도 개봉에 당도했다.

『속자치통감』 1014년 12월

권지고려국사 왕순(고려 현종)이 윤징고와 더불어 여진 장군 대천기 이하 모두 78명의 인원으로 하여금 방물을 가지고 조공하게 했다.

왕순이 표문에서,

"거란이 도로를 막아서 오랫동안 송나라와 통하지 않았습니다. 청하오니, 황제의 존호와 정삭을 내려주십시오."

조서를 주어 그 청에 따랐다.

왕순이 또 표문에서,

"대천기는 그 아버지와 형이 일찍이 대궐에 와서 황제를 뵈었다고 합니다. 그런데 그 형이 돌아오지 않아서 송나라에 머물며 형을 찾고자 합니다."

또한 하북 백성 두문현 등 17명을 데리고 왔다. 이들은 일전에 거란에 포로가 되었다가 고려로 도망쳐 오자, 왕순이 그들을 고국으로 돌려보낸 것이다. 황제가 심히 기뻐하며 그들을 고향으로 귀환하게 하고 윤징고를 두텁게 대접했다.

그 뒤로 1015년에는 곽원이, 1017년에는 서눌(서희의 아들)이 사신으로 송나라에 다녀온다. 고려와 송나라는 외교적 관계를 맺음으로써 거란을 견제하려고 했다.

발뒤꿈치를 잘라서 신발에 맞게 한다면

거란의 침공에 맞서 고려는 모든 국가적 역량을 기울여 대항하고 있었다. 그런데 이런 국가적 위기 상황 속에서 내부에 다시 큰 문제가 발생했다.

1014년 11월, 거란과의 전쟁에서 공을 세웠던 상장군 김훈과 최질을 비롯한 무관들이 궁궐에 난입하는 사건이 발생한 것이다. 전쟁 후 군인들의 숫자를 늘리게 되었고 그에 따라 국가 재정의 지출이 늘어나고 그 여파로 관리들의 녹봉이 부족해졌다. 그러자 중추사 장연우와 황보유의의 건의로 무관들의 영업전(永業田)을 빼앗아 관리들의 녹봉에 충당시켰던 것이다. 그 결과로 무관들이 매우 못마땅한 마음을 가지게 되었다. 이들은 격분해 있다가 기회를 보아 난을 일으켰다.

김훈과 최질은 군사들과 함께 북을 치고 소리를 지르며 대궐 안으로 난입하여 장연우와 황보유의를 결박했다. 그리고 사정없이 매질을 가해 이들을 거의 죽을 지경으로 만들었다.

그리고 궁궐 앞으로 나아가서 현종을 뵙기를 호소하며 말했다.

"장연우 등이 우리의 영업전을 빼앗은 것은 실로 자신들의 이익을 도모한 것이지 공공의 이익은 절대 아닙니다. 만약 발뒤꿈치를 잘라서 신발에 맞게 한다면 몸이 어찌 되겠습니까? 모든 군사가 분함과 원망을 견디지 못하니, 청컨대 나라의 좀을 제거하여 여러 사람의 마음을 시원하게 풀어주소서!"

거란군이 전열을 재정비하며 호시탐탐 기회를 엿보고 있던 상황에서 벌어진 반란이었다. 이들에겐 지금 외적의 침입을 막는 것보다 자신들의 잇속을 챙기는 편이 더 중요했다.

현종은 사태를 최대한 빨리 수습해야 했다. 그래서 이들의 요구에 따라 장연우와 황보유의를 유배 보내고 빼앗은 영업전을 돌려줬다.

현실적으로도 이들을 제압할 무력이 없었다. 고려의 주요 장수와 병력들은 모두 거란의 침입에 대비하고자 북방에 있었기 때문이었다. 그리고 이들은 대궐에 침입했으나 현종에게 해를 가하려고 한 것은 아니었다. 현종은 이들을 잘 달래서 일을 처리하려고 했다.

그런데 김훈과 최질은 너무 많이 나가고 말았다. 6품 이상의 무관들에게 모두 문관직을 겸직하게 했던 것이다. 여기에 더 나가서 어사대(御史臺)를 폐지하고 금오대(金吾臺)를 설치하였고, 또 삼사(三司)를 폐지하고 도정서(都正署)를 설치했다. 그러니까 주요 요직들을 자신들이 차지할 수 있게 관련 기구들을 개편한 것이었다.

이들이 장연우와 황보유의를 폭행한 것은 어느 정도 눈감아줄 수 있었지만, 이런 조직개편과 권력의 독점은 왕권에 대한 심각한 도전이었다. 현종은 어쩔 수 없이 이들의 뜻에 따랐으나 어금니를 꽉 깨물었다.

현종은 북쪽을 바라보았다. 거란의 침공이 다시 시작된 것이다. 특히 부교를 설치한 거란군은 시도 때도 없이 침공하고 있었다. 나라의 큰 위기였다. 그런데 김훈과 최질은 반란을 일으킨 다음 폭주하고 있었다. 이들은 권력을 자신들의 입맛대로 마구 휘둘렀고 조정의 기강이 문란해졌다. 이런 상태로는 거란의 침입에 대처할 수 없었다. 이들을 그대로 놔둘 수 없다고 판단한 현종은 마음속의 칼을 꺼내들기 시작한다.

서경 장락궁

이자림(李子琳)은 청주 사람이다. 성종 때 과거에 장원급제하여(995년) 서경에서 장서기(掌書記)라는 관직을 지냈었다.

김훈과 최질 등이 난을 일으켰을 때, 이자림은 화주방어사(和州防禦使)[80]로 있다가, 임기를 마치고 개경으로 돌아와 자택에 있었다. 이자림은 한 가지 계책을 품고, 비밀리에 중추원 관리인 김맹을 찾아가서 말했다.

"성상께서는 어찌 한고조(漢高祖)의 운몽지유(雲夢之遊)의 고사를 본받지 않으시는가?"

운몽지유의 고사란, 한고조 유방이 운몽현으로 유람한다는 핑계를 대고 한신(韓信)을 사로잡은 고사를 말하는 것이었다.

김맹이 그 뜻을 깨닫고 현종에게 은밀히 아뢨다. 현종은 이 계획을 승인했다. 만일 조금이라도 일이 누설된다면 목숨이 위태해진다. 그러나 현종은 마음의 칼을 빼어들었다. 이자림을 서경판관(西京判官)으로 임명하여 먼저 서경으로 가서 모든 준비를 갖추도록 했다.

이듬해 3월, 현종은 방어선을 점검한다는 명목하에 서경으로 행차했다. 그리고 서경의 장락궁에서 여러 신하를 위해 잔치를 베풀었다. 특히 김훈과 최질 등 반란을 일으킨 장수들을 위로하며 연신 술을 권했다. 아무 생각 없이 술을 계속 마신 이들은 크게 취하고 말았다.

어느 순간 현종이 군사들에게 추상같이 명했다.

"이들을 모두 포박하라!"

현종은 지금까지 어떤 잘못을 했더라도 사람을 죽이지 않았다. 몽진 중에 자신에게 활을 겨누고 해코지하려고 한 사람들도 유배 보내는 것에 그쳤다. 더욱이 그들에게 그 행위를 만회할 기회도 주었다. 현종은 본성이 너그러웠고 또한 승려 생활을 해서인지 사람을 죽이는 것을 꺼렸다. 그렇지만 이번에는 그럴 수 없었다. 거란과 사활을 건 전쟁을 해야 하는 지금, 강한 모습을 보여야만 했다. 현종은 이들의 목을 모두 베게 했다.

『고려사』 1015년 3월

왕이 서경 장락궁에서 여러 신하에게 잔치를 베풀고, 김훈과 최질 등 19인을 처형하였다.

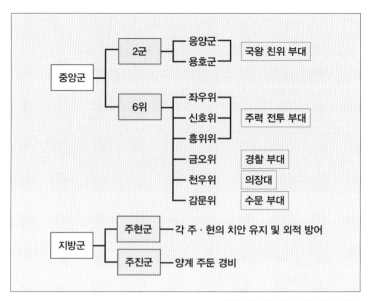

현종이 완성한 고려의 군제도

    통상 반역자들을 처벌할 때 연좌제를 적용해 삼족이나 구족을 멸하는 것이 관례였다. 그러나 현종은 그러지 않았다. 김훈과 최질 등의 아들 및 친형제들은 고향에 돌려보내고, 그 부모·처·친척들은 모두 용서하여 방면했다. 예를 찾아볼 수 없는 관대한 조치였다. 이 조치는 이후 연좌제를 하지 않는 고려의 법도가 된다. 현종은 이렇게 선언한 것과 다름없다.

    "개인의 죄는 처자에게까지 미치지 않는다."[81]

    연좌제와 잔인한 형벌이 일상적인 중세에 이런 관대한 법률은 현종의 관용의 정신에서 비롯됐다.

    스스로의 힘으로 반란을 진압한 현종은 이 일을 계기로 군사제도를 개편해야 한다고 생각한다. 그리하여 왕의 직속부대인 2군을 더

창설하여 2군6위라는 고려의 군사제도를 완성한다. 현종이 창설한 2군의 명칭은 응양군(鷹揚軍)과 용호군(龍虎軍)이었다.[82]

이 이후로 현종은 국정을 완전히 장악하게 된다.

야율자충

현종이 김훈과 최질 등의 반란을 진압하고 5일 후, 거란군이 다시 용주(龍州, 평북 용천)에 침입했다.

용주는 고려에서 1014년에 새로 쌓은 성이었다. 고려는 방어선을 강화하고 있었다. 거란 역시 이 사실을 알고 용주를 공격한 것이다.

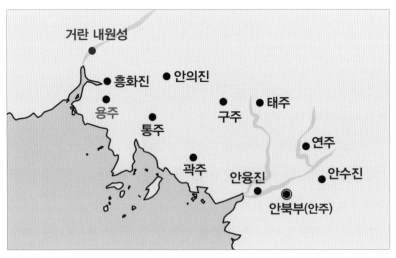

용주 지도

또한 여진 해적들이 배 20척을 거느리고 구두포(狗頭浦)에 침입했다. 3년 전 같이 대규모는 아니었으나, 거란군과 여진 해적의 양동작전과 같았다. 고려는 거란과 여진의 침략을 모두 격퇴했다.

그런데 1015년 4월에 거란의 사신으로 야율자충(耶律資忠)이 와서 다시 강동6주를 내놓으라고 요구했다. 공격과 외교를 동시에 하는 수법이었다. 현종은 결단했다. 그 분명한 결단을 보여주기 위해 야율자충을 억류했다. 야율자충을 억류함으로써 거란에 보내는 무언의 전갈은 단호한 것이었다. 어떤 어려움이 있더라도 국토를 수호할 것이고 침략하면 전쟁만 있을 뿐이라는 것을 분명히 한 것이다.

야율자충이 억류되자 거란 황제 야율융서는 꽤나 충격을 받았다. 고려가 이렇게 강력하게 나올 줄은 예상하지 못했던 것이다. 야율융서가 여러 신하들과 연회를 열다가 야율자충을 기억하며 측은히 말했다.

"고려에 억류된 야율자충에게도 이런 즐거움이 있을까?"

거란의 명장 야율세량

승천황태후는 한덕양, 야율휴가, 야율사진, 소배압, 소손녕 등 훌륭한 신하들을 등용해 흔들리던 거란을 부흥시키고 최강국으로 만들었다. 그 신하들이 이제 하나둘, 흘러가는 세월의 뒤편으로 물러가고 있었다.

이제 71살이 된 한덕양이 병상에 누웠다. 연로한 한덕양은 고려 정벌에 참여한 후유증으로 몸이 약해져 있었다. 황제 야율융서가 물었다.

"누가 능히 그대를 대신할 수 있겠소?"

한덕양이 답했다.

"야율세량이 할 수 있습니다."

얼마 후 다시 물어도 한덕양의 대답은 같았다.

"야율세량보다 나은 사람은 없습니다."

야율세량은 한덕양이 선택한 자신의 후계자였다. 거란의 다음 시대를 이끌 가장 뛰어난 사람이었던 것이다. 야율세량은 곧 북원대왕이라는 요직에 임명된다.

1012년 11월, 극노륜하(克魯倫河) 인근에 사는 부족들이 반란을 일으키자, 야율세량은 출전하여 조복(몽골), 적렬 등의 부족들을 토벌한

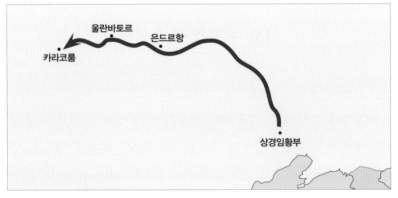

야율세량의 서쪽 정벌

다. 이 부족들을 토벌하는 데 2년 이상의 시간이 걸리게 된다.

1015년 5월, 거란 황제 야율융서는 드디어 야율세량에게 고려를 토벌하라는 명령을 내린다. 그런데 야율세량이 최고 책임자는 아니었다. 총사령관인 도통은 유신행, 부도통이 야율세량, 도감은 소허열[83]이었다. 소허열은 소배압의 조카이다. 소허열은 앞으로 3회에 걸쳐 거란군 장수로 고려를 침공하게 된다.

그런데 도통 유신행이 집합 날짜에 늦게 도착하자, 야율세량은 군법을 어긴 유신행을 체포해서 도성으로 돌려보낸다. 유신행이 상관임에도 야율세량은 엄격했다.

어쨌건 이번에는 도통을 임명한 원정이었다. 그렇다면 15만에 달하는 대군이다. 1010년 거란 황제의 친정 이후 최대 규모의 군사행동이었다.

야율세량의 침공

1015년 9월 7일, 거란의 감문장군(監門將軍) 이송무(李松茂)가 와서 강동6주를 달라고 요구했다. 이와 동시에 야율세량이 이끄는 거란군의 침공이 시작되었다. 대화와 칼을 동시에 사용한 것이었다.

야율세량이 흥화진과 통주를 공격하자, 대장군 정신용이 군사를 이끌고 거란군의 후미를 쳤다. 정신용은 흥화진에 주둔해 있었던 것으로 보이며, 정신용의 군사행동은 양규처럼 개문출격하여 거란군을 공격한 것이었다. 이번에도 작년처럼 거란군 7백의 목을 베었다.

그러나 이번에는 상대가 거란 최고의 명장 야율세량이었다. 야율세량은 고려군의 전술을 역이용해서 정신용, 별장 주연, 산원 임억 등 고려의 장수 6명을 전사시킨다.

9월 20일 거란군은 안북부까지 남하했다. 거란군이 안북부를 공격하다가 후퇴하자, 대장군 고적여, 장군 소충현 등이 군사를 거느리고 추격했다. 그런데 역시 야율세량의 매복에 걸려 모두 전사하고 만다. 또한 병마판관 왕좌와 노현좌는 포로로 잡힌다.

야율세량은 서북면을 휘저으며 고려군을 흔들어댔다. 또한 선화진(宣化鎭, 평안북도 의주 부근)과 정원진(定遠鎭, 평안북도 의주 부근) 두 진을 빼앗아 성을 쌓았다. 고려는 야율세량에 의해서 점차 침식되고 있었다.

야율세량의 승전 소식에 크게 고무된 거란 황제 야율융서는 11월 14일 조서를 내려 병력을 더욱 소집했다.

"동경의 승려 중에서 자질이 부족한 자들을 환속시켜라. 또한 상경과 중경을 비롯해 여러 궁궐을 지키고 있는 병력 중에 정예병 5만 5천 명을 선발하여 동쪽(고려) 정벌에 대비토록 하라!"[84]

승려들을 환속시킨 것은 군대에 충당시킬 사람이 부족해서였다. 야율세량에게 이미 15만 정도의 군사를 주어 보냈다. 거기에 5만 5천 명을 더 선발한다는 것은 이번 기회에 완전히 고려를 제압하겠다는 뜻을 천명한 것이었다. 거란 황제의 의지는 강렬했고, 야율세량은 대단한 능력의 소유자였다. 9월에 시작된 군사행동은 그다음 해 1월까지 이어졌다.

소적렬의 침공(1014)이 예비적 성격이었다면, 야율세량의 침공은 고려를 멸망시키기 위한 본격적인 것이었다.

송나라의 도움을 요청하다

거란의 침략은 집요했다. 고려에서는 민관시랑(民官侍郎) 곽원을 송나라에 보내 거란이 해마다 침략함을 알렸다(1015년 11월).

"성스러운 위세를 빌려 그 슬기로운 전략을 보이고자 하오니, 만약 우리가 위태로운 지경에 다다르거든 미리 위기에서 구해주는 은혜를 베푸소서."[85]

송나라의 도움을 요청하고 있으나 직접적으로 구원군을 요청하지는 않았다. 고려에서는 송나라가 구원군을 보낼 의지와 능력이 없다는 것을 알고 있었기 때문이다. 그렇지만 한 가지 효과를 노렸다. 송나라 궁궐에 거란 사신도 와 있었기에 고려와 송나라가 접촉하면 거란 입장에서는 이것을 의식하지 않을 수 없다는 점이었다.

이때 고려 사신단에는 여진인들도 포함되어 있었다. 여진인들 역시 거란의 침략을 받아 여러 해 동안 내조(來朝)하지 못한 사정을 호소했다.

송나라 황제 진종은 거란과 '전연의 맹약'을 맺었으므로 답변하기 난처했다. 이에 학사(學士) 전유연(錢惟演)이 이런 조서를 기초했다.

"고려를 생각하면 진실로 마음속 깊이 걱정된다. 하나 이웃 나라인 거란 역시 오랫동안 우호적인 맹약을 따르고 있다. 내가 바라는 것은 서로 화목하여 백성들을 편안하게 하는 것이다."

송나라 황제 진종이 읽어보고서 만족해하며 이렇게 말했다.

"이 같은 내용이라면 비록 거란이 보게 되더라도 무방하다."

진종이 가장 두려워하는 것은 거란과의 마찰이었던 것이다. 행여 조금이라도 꼬투리를 잡힐까 봐 두려워했다.

진종은 원외랑(員外郞) 장사덕(張師德)을 시켜 곽원을 접대하게 했다. 장사덕은 개보사(開寶寺)의 탑에 올라 개봉의 경치를 보며 곽원에게 은근히 말했다.

"지금 개봉에 있는 높고 큰 건물들은 모두 군영으로 쓰이고 있습니다. 폐하께서 천하를 통일하셨음에도 우선적으로 군사를 양성하고 있으니, 이는 거란을 방비하기 위한 것입니다. 귀국은 어쨌건 거란과 화친을 맺어야 나라를 보존할 수 있을 것입니다."

송나라는 매년 비단 20만 필과 은 10만 냥을 거란에 보내고 있었다. 평화의 대가였다. 장사덕은 거란과 싸워 이길 수는 없고 대가를 치르더라도 화친할 수밖에 없다고 말하고 있었다.

두 번째 대회전

1016년 1월 초, 야율세량은 군대를 이끌고 안북부까지 침공해왔다. 안북부에는 고려의 주력군이 집결해 있었다. 야율세량은 안북부까지 온 후, 이전처럼 후퇴하기 시작했다. 후퇴하는 거란군을 보자 안북부에 대기하고 있던 고려군 주력이 그들을 추격했다.

거란군은 고려군의 추격을 받으며 곽주까지 북상했다. 1016년 1월 5일, 야율세량이 이끄는 거란군은 곽주 서쪽에 진을 쳤고, 추격하던 고려군은 그 동쪽에 진을 쳤다.

이때 고려군의 총사령관은 유방(庚方)이었을 것으로 추정된다. 993년 소손녕의 침공 때, 안융진에서 거란군을 격퇴한 그 사람이었다. 이번에도 거란군을 격퇴할 임무가 유방에게 주어졌던 것이다. 1010년 삼수채 전투 이후, 다시 한번 대군이 맞붙는 대회전이 벌어졌다.

그러나 고려군은 수만 명의 전사자를 내고 다시금 패하고 만다. 고려는 또 한 번 위기 상황을 맞게 된 것이다. 회전에서 승리한 거란군은 여세를 몰아 남하할 터였다. 5년 전처럼 개경이 다시금 거란군에 점령당할지도 모르는 위기의 순간이었다.

그러나 거란군은 더는 남하하지 않고 퇴각했다. 거란군 총사령관 야율세량이 군영에서 사망하기 때문이다. 『요사』에는 갑자기 병을 얻어 사망했다고 하지만 전사했을 가능성이 농후하다. 고려는 다행히도 숨을 돌리게 된다.

현종, 강경책을 쓰다

야율세량이 고려군에 승리하자, 거란 사신 10여 명이 고려로 들어오려고 했다. 이 거란의 사신들은 고려의 항복을 종용하기 위한 것이었다. 그러나 현종은 받아들이지 않았다. 이로써 당분간 고려와 거란 사이에는 사신이 오가지 않게 된다.

더하여 거란의 연호 대신 송나라의 연호를 사용하기에 이른다. 노골적으로 거란을 무시하는 정책을 선언한 것이었다. 고려에서 보낸 대 거란 선전포고나 다름없었다. 전투에 패했음에도, 현종은 외교적인 노력보다도 강경책으로 나간 것이다. 그리고 왕의 의지를 보이기 위하여 거처를 수창궁으로 옮겼다.

태조 왕건의 능은 개경 서쪽에 있었다. 그런데 1010년 거란의 침공이 예상되자, 능에서 관을 파내어 북한산 자락에 있던 향림사(香林寺)로 옮겨서 안치했었다. 거란군이 혹시 태조 왕건의 능을 약탈할 것을 우려한 조치였다. 그런데 이때 다시 태조 왕건의 관을 개경으로 옮겨왔다. 백성들에게 개경을 사수할 것이라는 의지를 강력하게 천명한 것이었다.

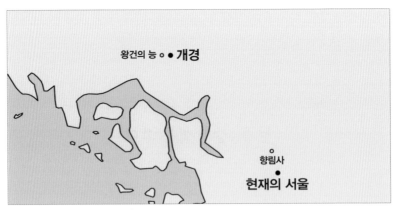

태조 왕건의 현릉과 향림사

이때까지 현종의 아버지인 왕욱의 묘소는 사수현(경상남도 사천시)에 있었다. 현종은 아버지의 묘소도 개경 근처로 옮겨오게 하여, 어머니 헌정왕후의 묘 옆으로 이장한다(1017년). 역시 개경 사수의 의지를 강력하게 피력한 것이었다.

그리고 부모님의 묘소 근처에 명복을 빌기 위하여 현화사(玄化寺)라는 절을 창건한다. 현화사를 짓기 위해 성조도감(成造都監)이라는 임시 관청을 설치하는데, 그 책임자 중의 한 명이 유승건(柳僧虔)이었다. 유승건은 현종이 몽진할 때 전주에서 현종을 납치하려고 했던 사람이다. 현종은 그런 사람에게도 죄를 만회할 기회를 준 것이다.

힘든 시기였으나 경사도 있었다. 현종에게 두 명의 왕자가 태어난 것이다. 김은부의 첫째 딸과 사이에 현종의 첫째 아들 왕흠(王欽)이 태어났고, 대명왕후와의 사이에 둘째 아들 왕수(王秀)가 태어났다. 왕흠은 현종의 뒤를 이어 왕위에 오르는 덕종(德宗, 재위 1031~1034)이다. 왕수는 그 뒤 기록이 없는 것으로 보아 어린 나이에 사망한 것으로 보인다.

현화사 석등(국립중앙박물관).
북한 개경 근처에 있던 현화사 석등은
일제강점기에 반출되어 현재는
국립중앙박물관에서 볼 수 있다.(©길승수)

다시 전쟁을 대비하다

야율세량과의 전쟁에서 수만 명의 고려군이 목숨을 잃었다. 병력의 충원이 절실했다. 현종은 죄수들을 석방하여 결원을 보충하고자 했다.

"전국의 모든 죄수 가운데 도형(徒刑)과 유배형 이하의 범죄자는 보증을 받고 석방시킬 것이며, 재판 절차를 신속히 시행하도록 하라."

이때 강감찬은 이부상서에 임명되어 있었다. 이부는 상서6부 중에 으뜸인 기관으로 관리들의 인사에 관한 사무를 맡아 보던 관서였다. 강감찬이 현종에게 말했다.

"신의 토지 12결을 군사들에게 주기를 원하나이다."

강감찬은 솔선수범하여 자신의 재산을 군사들에게 주어 사기를 높이려고 했다.

그리고 서북면에 철주성(鐵州城)을 쌓는다. 철주성은 지금의 서림성으로 추정되며 그 위치가 다른 성곽과는 조금 달랐다.

흥화진, 구주, 통주, 곽주 등의 성곽들은 모두 산성이라고 볼 수 있다. 그런데 철주성은 일반적인 산성이 아니었다. 주도로에 위에 쌓아 완전히 길을 막아버린 것이었다.

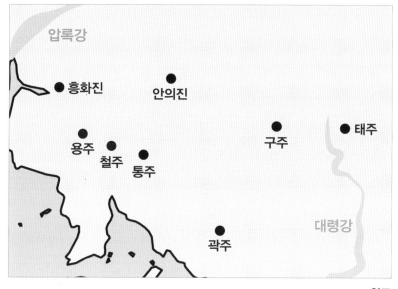

철주

거란의 어려움

대규모 전쟁을 지속적으로 수행하는 것은 거란의 입장에서도 커다란 부담이었다.

훗날 고려와 거란의 전쟁이 소강상태에 이른 뒤, 거란 관리 소한가노(蕭韓家奴)는 고려와의 국경 문제에 대하여 아래와 같이 보고한다.

"신이 몇 년 동안 살펴보니, 고려는 복종하지 않고, 조복(몽골 추정)은 강해지고 있습니다. 전쟁과 방어의 준비를 하는 것이 진실로 쉽지 않습니다.

이번에 부유한 자들을 뽑아 변경의 방비를 맡게 하면서 스스로 식량을 마련하도록 했습니다. 그런데 길이 멀고 도로 사정이 좋지 않아 이동하는 데 세월이 오래 걸립니다.

주둔하는 곳에 도착하더라도 이미 비용을 과반이나 쓰니, 소 한 마리와 수레 한 대 돌아오는 것이 드뭅니다.

장정이 없는 집에서는 비용을 두 배나 주고 사람을 고용하는데, 사람들이 그 노고를 꺼려 반수가 도망치고 숨기 때문에, 변경의 군사들에게 식량을 공급하지 못하는 경우가 많습니다.

혹시 돈이 없어 타인에게 그 비용을 빌리면, 그 이자가 10배이므로 자식을 팔고 밭을 떼어주어도 그것을 갚을 수가 없습니다. 또한 군사들이 도망치거나 사망하면 즉시 젊은이를 뽑아 보충합니다. 압록강 동쪽의 군사의 일은 대개 이와 같습니다.

더구나 발해와 여진, 고려는 합종연횡하고 있어 그들과 불시에 전쟁이 일어납니다. 그러면 부유한 자는 종군하고 가난한 자는 정찰을 합니다. 여기에 장마와 가뭄이 더해지면 곡식은 익지 않습니다. 백성들은 나날이 곤궁해집니다. 대개 형세가 이렇기 때문입니다."

거란의 영토는 매우 넓었고 그만큼 관리가 어려웠다. 특히 고려와의 전쟁에서 거란 군사들은 모든 무기와 식량을 자신의 비용으로 준비해야 하니 매우 고되고 힘든 일이었다. 야율세량의 침공(1016년) 이후로 고려로 귀순하는 거란인들이 줄을 잇게 된다.

『고려사』 1016년

2월 7일, 거란 사람인 왕미(王美)·연상(延相) 등 일곱 명이 도망쳐왔다.

2월 30일, 거란 사람 조은(曹恩)·고홀(高忽) 등 여섯 명이 투항해왔다.

5월 9일, 거란 사람 마아(馬兒)·보량(保良)·왕보(王保)·가신(可新) 등 13가호(家戶)가 투항해왔다. 거란 사람인 요두(要豆) 등 세 명이 투항해왔다.

6월 6일, 거란 사람 지보(志甫) 등 세 명이 투항해왔다.

6월 13일, 거란 사람 장열(張烈)·공현(公現)·신두(申豆)·유아(猷兒)·왕충(王忠) 등 30가호가 투항해왔다. ···등등···

소합탁이 거란의 쇠퇴기를 열다

북원추밀사였던 야율세량이 고려를 공격하다 사망하자, 소합탁이 그 뒤를 이어 북원추밀사에 임명된다. 북원추밀사는 거란에서 최고 요직으로 거란의 군사와 정치를 주도하는 자리였다.

그런데 소합탁은 도량이 좁고 비루하다는 평가를 받고 있었다. 따라서 많은 신하가 소합탁을 북원추밀사에 임명하는 것을 반대했다.

신하들이 거란 황제 야율융서에게 간했다.

"소합탁은 식견이 작고 몸가짐이 가볍습니다."

"소합탁은 작위만 탐하는 사람입니다."

소합탁은 사람을 상대하는 것을 잘했다고 한다. 즉 아부에 굉장히 능했다고 생각된다. 소합탁은 죽기 전에 자신의 후임에게 이런 말을 남긴다.

"내가 죽으면 그대가 반드시 북원추밀사가 될 것이다. 부디 자신보다 나은 사람을 관리로 천거하지 말도록 하라!"

승천황태후는 뛰어난 인재들을 등용했고 그 인재들이 또 다른 인재들을 천거했다. 그 수많은 인재가 거란의 부흥기를 열었던 것이다.

승천황태후 시기에 어떤 관리가 한덕양에게 대들었다. 후에 한덕양이 그 관리를 고위직에 천거하자, 승천황태후가 물었다.

"그는 경에게 불손하게 굴었는데, 어찌하여 천거하는 것입니까?"

"신에게도 굽히지 않았으니, 그는 강직하게 여타 일을 잘 처리할 것입니다."[86]

거란 성종이 소합탁을 중용함으로써 승천황태후의 인재등용 체계는 망가지고 말았다. 더불어 거란의 성장도 멈추게 된다. 거란 역사서인 『요사』에서는 소합탁을 이렇게 평했다.

"소합탁이 나라를 그르친 죄 크도다!"[87]

소합탁의 고려 침공

북원추밀사가 된 소합탁은 1017년 8월 고려를 침공한다. 압록강에 부교가 놓아져 있었기에 8월인데도 고려를 침공할 수 있었다.

『요사』 1017년 5월 1일
추밀사 소합탁을 도통으로, 한인행궁도부서 왕계충을 부도통으로, 전전도점검 소허열을 도감으로 삼아 고려를 정벌하도록 명령하였다. 다음 날 소합탁에게 검을 하사하여 독단으로 사람을 죽일 수 있는 권한을 주었다.

소합탁은 도통으로 임명되어 15만 정도의 병력을 거느렸다. 소배압의 조카 소허열은 이번에도 고려 정벌에 참여했다.

소합탁은 흥화진을 포위하고 9일간 공격한다. 거란에서 도통을 임명한 원정군을 보낸다는 것은, 상당한 기간 대규모 정벌을 하겠다는 뜻이다. 실제로 고려는 1010년, 1016년에 국가가 망하거나 휘청일 정도로 타격을 받았다.

그런데 소합탁은 대군을 몰고 와서 흥화진을 며칠간 공격하다가 바로 퇴각하고 만다.

『고려사』 1017년 8월 28일
거란의 소합탁이 흥화진을 포위하여 9일간 공격하였다. 장군 견일(堅一)·홍광(洪光)·고의(高義)가 출전하여 그들을 크게 격파하고 목 베고 획득한 것이 많았다.

흥화진의 고려군이 출격하여 거란군을 공격했으나, 거란군이 이 공격으로 퇴각한다는 것은 너무 한심한 일이다. 소합탁에게는 정벌에 대한 의지 자체가 없었다고 판단된다. 이 정도면 소합탁은 크게 질책을 받거나 관직을 삭탈당해야 하는데, 오히려 거란 황제 야율융서와 사돈관계를 맺으며 더욱 총애를 받는다. 가히 보신의 천재라고 할 수 있을 듯하다.

제5장

구주대첩

현종과 강감찬

현종은 야율세량에게 고려군이 패한 뒤 결단을 한다. 지금까지 두 번의 대회전에서 거란군에게 패했으므로 새로운 방법이 절실했다. 기존의 장수들로는 거란군을 상대할 수 없다고 판단했다.

1018년 5월 17일, 현종은 강감찬을 서경유수(西京留守)·내사시랑평장사(內史侍郎平章事, 정2품)에 임명하며 손수 임명장에 이렇게 썼다.

"경술년(1010년)에 북적의 난리가 있어, 그들의 군대가 한강 근처까

현종이 강감찬에게 군권의 상징인 부월(斧鉞)을 하사하고 있다.

지 들어왔도다. 만일 그 당시에 강공(강감찬)의 계책을 쓰지 않았더라면, 온 나라 사람들이 모두 북적의 옷을 입게 되었을 것이다."

현종은 강감찬을 재상의 직위에 임명하며 군사 문제에 깊숙이 개입하게 했다. 그리고 거란 황제의 침공 당시, 강감찬이 항전을 주장한 사실을 상기시켰다. 이에 세상 사람들이 강감찬을 영광스럽게 여겼다고 한다.

거란 황제 야율융서와 소배압

8년 전 고려 침공을 지휘했던 소배압의 나이는 이때 70세 전후였을 것으로 추정된다. 고려와의 전쟁이 계속되고 있었기에 거란 역시 인적, 물적 피해가 눈덩이처럼 불어나고 있었다. 야율세량은 고려와의 전쟁 중에 사망하고 말았고 소합탁은 지지부진했다.

전쟁에 승리하기 위하여, 연로하지만 거란 최고의 명장이 다시 나설 때가 된 것이다.

『요사』 1018년 10월 27일
조서를 내려 동평군왕 소배압을 도통으로, 전전도점검 소허열을 부도통으로, 동경유수 야율팔가를 도감으로 삼아 고려를 정벌하게 하였다.

소배압의 조카 소허열은 1016년부터 계속 고려 정벌에 참여하고 있었다. 야율팔가는 거란 최고의 영재로 책을 한 번 보면 바로 외웠다고 한다. 거란 최고의 장수인 백전노장 소배압과 명석한 두뇌의 젊은 인재들로 거란 지휘부가 구성되었다.

정벌에 앞서 야율융서는 홍화진에 편지를 보내 위협했다.

"고려의 성을 지키는 관리들에게 말한다. 스스로 귀순하는 자들에게는 후하게 상을 내릴 것이나, 성벽을 견고히 지키면서 방어하는 자들은 후회해도 소용이 없을 것이다."

거란군이 1년 만에 다시 거병했다. 30년 가까이 계속된 고려와 거란의 불안한 관계를 끝낼 최후의 일전이 다가오는 중이었다.

야율융서가 소배압에게 군권의 상징인 전살검(專殺劍)을 주고 있다.

강감찬, 상원수로 임명되다

소배압이 수십만의 군사를 동원해 침략해오자(1018년 12월 10일), 현종은 강감찬을 상원수(上元帥)로, 강민첨을 부원수로 각각 임명했다.

1010년부터 1018년까지 고려군 총사령관의 명칭은 '도통사' 혹은 줄여서 '도통'이었다. 그런데 총사령관이더라도 '서북면행영도통사'라고 명시하여 지휘 권한을 서북면으로 한정했다.

현종은 원수라는 직을 신설하여, 지역을 한정하지 않는 강력한 권한을 강감찬에게 몰아주었다. 모든 전권을 강감찬에게 맡긴다는 의미였고, 그만큼 현종의 신뢰가 확고했다.

고려군 지휘부

| 판관
김종현 | 시랑
조원 | 상원수
강감찬 | 부원수
강민첨 | 판관
박종검 | 판관
유참 |

강감찬은 서열과 연고를 파괴하고 비교적 젊은 관료들로 구성된 지휘부를 결성한다. 과연 강감찬은 '서서히 이길 방법'을 찾았을 것인가!

1018년 고려의 방어선

고려는 1010년 전쟁이 끝난 이후로 계속 방어선을 보강하고 있는 중이었다. 압록강과 청천강 사이에 네 개 이상의 성을 더 쌓아 거란의 침공에 대비했다.

소배압은 보주(의주)에서 남쪽을 바라보았다. 고려는 군대가 이동

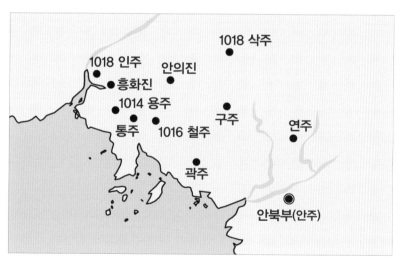

1018년 고려 방어선

할 수 있는 길 주위로 계속해서 성을 쌓고 있었다. 국경 지역을 완전히 요새화 하고 있는 것이다. 8년 전 곽주를 함락시킨 것 외에는 한 번도 고려의 성곽을 함락시키지 못했다. 또한 1010년, 1016년에 걸쳐 두 번이나 고려 주력군을 패배시켰으나 고려는 계속 일어나고 있었다. 고려를 완전히 제압하려면 다른 방법이 필요했다.

방어선을 끌어 올리다

고려군 총사령관 상원수 강감찬은 홍화진에 있었다. 거란군이 침공하면 고려 주력군의 주둔지는 안북부였다. 총사령관은 기본적으로 안북부에 위치하고 있어야 한다. 그런데 강감찬이 홍화진에 있는 것이다.

홍화진이 어떤 곳인가! 서희가 수많은 백성과 밤낮으로 쌓아 올린 성이었다. 그리고 양규가 홍화진 군민들과 함께 굳게 지켜 승리의 교두보를 마련한 바로 그 성이었다. 또한 거란과의 전쟁이 발발한 이후 단 한 번도 함락된 적 없는 철옹성이다. 홍화진이 철옹성인 것은 거란도 아는 사실이다. 그렇다면 거란이 예상하지 못하는 일을 해야 하지 않겠는가!

강감찬은 홍화진을 지키기 위해 이곳에 온 것이 아니었다. 여기서 거란군을 완전히 섬멸해 전쟁을 끝내기 위해 홍화진에 있었다.

드디어 거란군이 홍화진 앞에 모습을 드러냈다. 거란군들은 함성

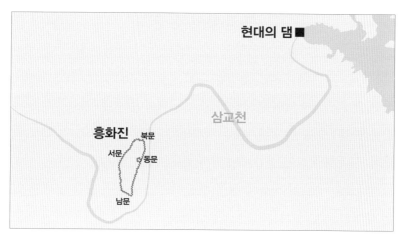

흥화진과 둑의 위치

을 지르며 기세를 뽐냈다.

흥화진은 주위에는 삼교천이라 불리는 하천이 있어 이동하기에 좋지 않았으나, 겨울인 지금은 얼어붙어 있어 평지나 다름없었다. 거란군은 언 강을 이용해 빠르게 이동했다. 그런데 강의 수량이 많이 줄어 있었다. 거란군은 흥화진 동쪽에 진을 치고 흥화진을 공격할 모양새를 갖추었다.

그런데 흥화진 근처 산골짜기에서 은밀히 거란군을 기다리는 사람들이 있었다. 강감찬이 매복시킨 정예기병 1만2천 기였다.

파격적인 전술

또한 삼교천 상류에서는 다른 것을 준비하고 있었다. 예전부터 사람들은 농업용수를 확보하기 위하여 보와 저수지를 만드는 데 힘을 쏟았다. 지금의 삼교천 상류에도 역시 현대식 댐이 있다.

강감찬은 삼교천 상류에 둑을 만들었는데 어쩌면 지금의 댐이 있는 위치일 수도 있다. 지금으로부터 천여 년 전, 흥화진을 감싸 안고 흐르는 삼교천을 거슬러 올라가면 강감찬이 만든 둑이 있었다.

『고려사』 강감찬 열전

흥화진에 이르러 기병 12,000명을 뽑아 산골짜기에 매복시킨 후에, 큰 동아줄을 소가죽에 꿰어서 성 동쪽의 큰 냇물을 막고 그들을 기다렸다.

『고려사』에 의하면 소가죽을 이용해 물을 막았다고 하는데, 아마도 소가죽뿐만이 아니라 흙이나 돌로 주변을 보강해 만든 둑이었을 것이다. 거란군이 흥화진을 포위하면 소가죽 둑을 터뜨려 물을 방류할 계획이었다. 거란군을 섬멸시킬 거대한 함정을 흥화진 주위에 만들어 놓고 있었던 것이다.

수공으로 성을 공격하는 전술은 많이 있었지만, 이렇게 성을 포위한 야전군을 역으로 수공으로 공격하는 일은 찾아볼 수가 없는 예이다. 강감찬을 비롯한 지휘부는 거란군이 눈치챌 수 없는 파격적인 전술을 고안해낸 것이었다.

매복해 있던 고려군은 시기가 무르익을 때까지 참을성 있게 기다렸다. 과연 거란군은 이 함정에 걸려들 것인가!

어느 순간, 강감찬의 명에 드디어 소가죽 둑이 터졌고, 고려 기병 1만 2천 명이 출격했다.

강감찬의 수공은 상대를 익사시키기 위한 것이 아니라 전열을 흐트러뜨리기 위한 것이었다. 고려군은 물 때문에 당황하는 거란군을 기습하여 크게 격파했다.

그런데 어딘가 이상했다. 거란군의 수가 생각보다 많지 않았던 것이다. 그렇다면 이들은 별동대일 것이다. 소배압이 이끄는 본진은 따로 있다는 얘기였다. 거란군을 정찰하던 고려 척후병이 놀라 뛰어 들어왔다.

달리는 소배압

소배압이 이끄는 거란군 주력은 고려군을 따돌렸다. 흥화진을 우회하는 침투로를 택한 것이었다.

공성전은 많은 기구를 필요로 하고 시간도 많이 소요됐다. 지난 10여 년간 무수히 공격했음에도 흥화진을 함락시키지 못했다. 소배압은 불가능한 흥화진에 매달리지 않기로 했다. 그리고 이 전략은 결과적으로 옳았다. 만일 소배압이 주력군을 이끌고 흥화진을 공격했더라면 고려군의 수공에 대패했을 것이다.

소배압의 초반 침공로

거란군은 이제 고려의 지형에 익숙해 있었다. 그리고 소배압은 8년 전에 개경까지 진격한 경험이 있었다. 요충지마다 성곽이 버티고 있는 해안도로 대신 산속 험로를 이용하기로 한 것이다. 대신 거란의 주특기인 기동력을 최고치로 끌어올렸다. 과연 거란군의 목표는 무엇인가!

고려군도 달린다

강감찬이 아쉬움에 탄식을 했다.

"소배압이 우리의 함정을 피했군!"

강감찬 역시 주력군을 이끌고 흥화진에서 안북부로 즉시 남하했다. 고려군은 길이 좋은 해안도로를 따라 움직였으므로 거란군보다 이동이 수월했다. 그런데 문제는 소배압의 의도가 무엇이냐는 것이었다.

강감찬은 안북부에서 거란군 주력을 기다렸다. 고려 정찰병의 어깨가 무거워졌다. 산을 타고 계곡을 넘으며 거란군의 이동로를 알아내기 위해 바쁘게 움직였다.

거란군은 계속 남하했다. 그러다가 결국 청천강 상류 지역인 개천(价川) 지역에서 청천강을 넘고 말았다. 거란군이 1010년 이후 처음으로 청천강을 넘은 것이었다. 고려의 군사들은 청천강 이북 지역에 집중되어 있었다. 소배압의 의도는 과연 무엇인가?

소배압이 청천강을 넘는다.

강감찬이 즉시 명했다.

"전군 거란군을 추격하라!"

강감찬의 명령에 부원수 강민첨, 시랑 조원이 선봉이 되어 거란군을 추격했다.

드디어 강민첨의 부대가 자주(慈州)에서 거란군 한 부대를 따라잡아 격파했다. 전속력으로 남하하는 거란군을 따라잡아 격파할 만큼, 고려군의 기동력은 놀라울 정도로 향상되어 있었다.

그러나 거란군은 멈추지 않고 남하를 계속했다.

마탄, 마탄, 마탄이다!

12월 21일경, 조원이 이끄는 고려군이 서경 인근에서 거란군을 기다

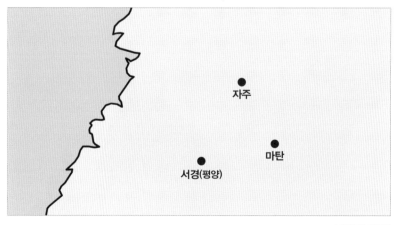

자주와 마탄

렸다. 거란군의 정확한 의도는 알 수 없었고 기습적으로 서경을 공격할 수도 있었다. 현지 조달을 기본으로 하는 거란군이 제대로 된 보급도 없이 고려 영토 깊숙이 침투하고 있었다.

"적들이 자주를 지나 계속 남하하고 있습니다!"

조원은 거란군이 계속 남하하고 있다는 정찰병의 보고에 즉시 출격을 명했다.

"마탄, 마탄, 마탄에서 적을 친다!"

조원이 이끄는 고려군은 마탄에서 1만이 넘는 거란군과 조우했다. 마탄은 넓은 평야가 펼쳐진 지역이었다. 아직까지 고려군은 이런 평야에서 1만 이상의 거란군과 정면으로 싸워서 이긴 적이 없었다. 8년 전, 지채문도 마탄에서 거란군에 패했었다. 고려군과 거란군이 함성

조원이 마탄에서 거란군을 무찌르고 있다.

을 지르며 서로에게로 돌격했다.

전투가 끝났을 때 거란군 1만여 명이 마탄 벌판에 널브러져 있었다. 마탄 전투에서 고려군이 대승을 거둔 것이다. 고려군은 이전과 확실히 달라져 있었다. 기동력과 야전에서의 전투 능력 모두 거란군을 능가했다. 그런데 이들 역시 거란의 주력군이 아니었다.

소배압이 이끄는 거란의 주력군은 평양 동쪽 강동 부근에서 대동강을 건너 남하한 것이었다. 거란군은 서경도 우회한 것이다. 놀랄 만큼 대담한 기동이었다. 그리고 어쩌면 무모하기도 한 전술이었다.

거란군의 전략

소배압은 이번 전쟁을 준비하며 대담한 전략을 세웠다. 고려의 성곽을 공격하는 일은 의미 없는 일이었다. 고려의 주력군을 패배시키는 것도 그다지 의미가 있지는 않았다. 지금까지 두 번이나 회전에서 대승을 거두었으나 고려를 무릎 꿇리지 못했다. 그렇다면 다른 방법을 써야 할 것이었다.

소배압이 이끄는 거란군은 남하하는 동안 세 번 전투해서 세 번 모두 패배해 많은 수의 병사를 잃었다. 병사들은 하루도 편히 쉬지 못했다. 무엇보다 보급기지 하나 없이 적국의 영토 한가운데 고립되어 있다. 곧 고려군이 위치를 찾아낼 것이다. 어려운 상황이었지만 소배압의 결단은 확고했다.

혜성

그때 하늘에서 혜성이 나타났다. 하늘의 뜻은 무엇인가. 과연 하늘
은 거란에 고려를 허락할 것인가!

개경 백성들 역시 혜성을 보고 있었다(12월 29일). 혜성이 나타난다
는 것은 변고가 있음을 의미했다. 거란군이 남하하고 있다고 한다. 혜
성을 보는 개경 사람들의 마음은 복잡했다. 밤하늘을 바라보는 백성
들은 8년 전 악몽을 떠올렸다. 그 악몽이 또다시 재현될 것인가!

"부디 이번만은 난을 피하게 해주십시오!"

개경 주민들은 혜성을 보며 빌고 또 빌었다.

강감찬 진영

1월 2일, 마탄 전투 이후 자취를 감췄던 거란군의 꼬리가 잡혔다. 그런데 개경에서 2~3일 거리에 있었다. 소배압은 개경 직공을 선택한 것이다. 소배압의 배짱에 강감찬은 놀랐지만 즉시 명령을 내렸다.

"병마판관 김종현은 군사 1만을 거느리고 즉시 개경을 구원하라!"

이런 상황에 대비한 전략을 준비해놓고 있었고 그것을 가동시킨 것이다.

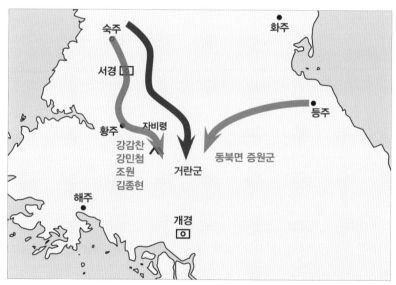

개경으로 움직이는 김종현, 강민첨, 조원, 강감찬.
동북면 군사 3천 3백 명도 개경 쪽으로 이동하고 있다.

강감찬의 명에 김종현은 행군 속도를 두 배로 높여 개경을 향해 움직였다.

또한 강감찬은 전령을 동북면으로 보내 명령을 내렸다.

"동북면병마사는 군사 3천 3백 명을 보내 개경을 구원하라!"

고려군의 명령체계는 잘 맞물린 톱니바퀴처럼 움직였다. 강감찬의 명에 따라 고려 전역의 고려군들이 하나의 유기체처럼 움직인 것이다. 원수를 임명한 것이 이런 이유였다. 효과적으로 전군을 통제할 수 있는 단일한 명령 체제를 구축한 것이었다.

승부사 소배압

소배압은 승부사였다. 모든 성을 무시하고 개경을 향해 말고삐를 당겼다. 개경은 평지성이라 서북면의 산성과 달리 공격이 용이했다. 수만의 인구를 가진 도시 개경에는 물자와 식량이 풍부해 지친 병사들이 편히 쉴 수 있었다. 연패를 거듭하면서도 개경 직공을 선택한 것이다.

마침내 1월 3일, 개경 북쪽 40km 지점인 신은현(신계)에 거란군이 도착했다. 소배압은 만족스러웠다. 어느 정도 병력의 희생이 있었지만, 이제 최대 속도로 움직이면 개경까지 하루 여정에 불과한 거리였다.

청야전술

개경의 들판은 불에 타 있었다. 화마가 휩쓸고 간 듯 텅 비어 있는 들판. 초토화 작전, 즉 청야작전이었다. 오직 개경을 향해 달려 온 거란 군에게 조금이라도 이용할 물자를 주지 않기 위해서였다.

사람들은 들판을 비우고 궁궐 안에 들어가 농성전을 준비했다. 궐 안의 총사령관은 고려의 왕, 현종이었다.

논과 밭을 불태우는 청야작전은 자기 삶의 터전을 전부 비우고 초토화한 후 성안으로 들어가야 하기 때문에 민심이 동요하면 절대 성공할 수 없는 작전이었다. 왕에 대한 절대적인 신뢰가 있어야만 가능한 작전이다. 그런데 수만의 개경 인구가 청야작전에 참여한 것이다. 지난 8년간 현종은 선정을 베풀기 위해 노력하고 또 노력했다. 그것이 빛을 발한 것이다.

군사들은 모두 서북면에 집중되어 개경 성안에는 군사가 거의 없었다. 현종이 백성들을 돌아보며 되뇌었다.

"이번에는 절대 포기하지 않을 것이다!"

소배압, 선봉대를 개경으로 보내다

소배압은 개경으로 직공하면, 8년 전처럼 현종이 개경을 버리고 도망치리라 예상했다. 그러나 이번에는 그런 움직임이 없었다. 배짱 좋은 소배압이었지만 여기서 더 깊숙이 들어가는 것은 위험하다는 것을 잘 알고 있었다. 고려군에 포위당할 수가 있는 것이다.

우선 궁궐 안에 병력이 얼마나 있는지 알아내야 했다. 고려는 지금까지 청천강 이북에 병력을 집중했다. 분명 궁궐 안에는 병사들이 얼마 없을 것이다.

소배압은 궁궐 안 상황을 확인하기 위해, 야율호덕을 개경 통덕문에 파견해 철군하겠다고 통보한 뒤, 몰래 기병 300기를 금교역으로 진입시켰다.

김종현과 동북면병마사의 지원군은 아직 개경에 도착하지 않았다. 개경 안의 병력은 절대 부족했다. 소배압이 주력군을 이끌고 개경을 공격하면 순식간에 함락당할 수 있었다.

거란군 선봉대가 금교역 쪽으로 진입하고 있다는 보고가 들어오자 현종은 결단했다.

"출격하라!"

숫자는 아주 적지만 궁궐 안에는 왕을 호위하는 최정예 병사들이 남아 있었다. 이들을 출격시킨 것이다.

거란군 선봉대에 개경의 상황을 노출하면 안 된다. 만일 소배압이 개경에 군사들이 많지 않다는 것을 알게 되면 바로 주력군을 이끌고 개경으로 올 것이다. 김종현 등의 지원군이 올 때까지 시간을 벌어야 했다. 이것은 큰 모험이었다.

금교역

금교역에 도착한 거란군의 선봉대는 송악산을 마주했다. 산의 대부분이 화강암과 소나무로 뒤덮여 있어 밤에도 옅은 빛을 뿜고 있었다.

고려의 태조가 송악산의 정기를 받아 삼국을 통일했다고 한다. 웅장한 송악산이 마치 거대한 거인과 같이 보였다. 그때 그 송악산에서 함성이 들려왔다. 그 소리는 송악산이 내는 것 같았다.

그 찰라, "피잉-. 피잉-. 피잉-."

어둠을 뚫고 날아온 화살들이 거란군의 갑옷을 꿰뚫었다. 한바탕 화살 세례가 거란군에게 쏟아진 후에, 이번에는 숫자를 알 수 없는 인원이 거란군을 덮쳤다.

전투는 삽시간에 끝났다. 거란군 300기에 맞서 싸운 고려군은 겨우 100명에 불과했다. 그렇지만 고려군들은 불굴의 투지로 자신보다 세 배나 많은 적과 싸워 그들을 모두 몰살시켰다.

그리고 이즈음 드디어 김종현이 1만 군사를 이끌고 개경에 도착했다.

송악산 전설

송악산의 산신령이 밤에 수만 그루 소나무로 변하여 사람 소리를 내니, 거란군이 고려군의 매복이 있는 것으로 의심하여 병력을 이끌고 퇴각했다는 전설이 있다.

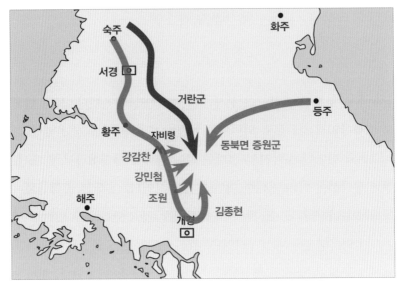

거란군을 포위하려는 고려군

개경에 도착하는 김종현과 그의 1만 군사

소배압의 결정

선봉대가 전멸한 거란군은 도리가 없었다. 더구나 고려군들이 사방에서 나타나며 옥죄고 있었다. 이 자리에 그대로 있으면 고려군에 포위를 당할 것이었다.

소배압이 명했다.

"신속히 회군한다!"

소배압은 과연 거란 최고의 장수였다. 군대를 재빨리 움직여 고려군의 포위망에서 벗어났다. 조금만 늦었으면 고려군에게 돌아갈 길이 막혀 전멸할 수도 있었다.

구주로 집결하라

김종현의 뒤를 따라 개경 쪽으로 내려오고 있던 강감찬은 거란군이 회군했다는 것을 알았다. 소배압의 용병은 매우 신속했다. 과연 속도의 거란군이었다. 강감찬이 추격을 명했다.

"전군 거란군을 추격한다!"

또다시 고려 정찰병과 거란군의 숨바꼭질이 시작됐다.

앞장서서 거란군을 추격하던 강감찬은 드디어 안수진(평안남도 개천시)과 연주(평안북도 영변군) 근처에서 거란군의 꼬리를 잡았다. 곧 그들

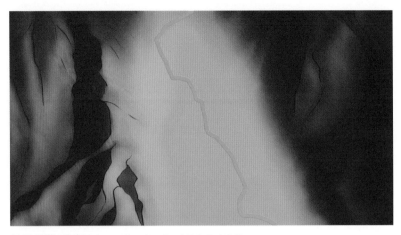

구주 동쪽 벌판(폭이 1km 정도 되는 비교적 좁은 곳이었다.)

을 습격하여 500여 명을 척살했고 거란군 본대의 뒤로 따라붙었다. 그리고 이제 거란군의 이동경로는 명확했다. 적들은 들어올 때와 마찬가지로 구주를 통해 압록강으로 빠져나갈 심산이었다. 강감찬은 고려의 모든 전력을 구주로 총집결시켰다.

"모든 병력은 구주로 집결하라!"

이번 전투에서 고려군의 전력 손실은 거의 없었다. 각종 물자 역시 충분했다. 사기 또한 높았다. 강감찬이 구주에 도착했을 때, 거란의 군대는 구주성 동쪽 들판에 진을 치고 있었다.

이번 전쟁에 대비해 강감찬은 군사들의 기동력을 끌어올리는 데 힘을 쏟았다. 그리하여 소배압이 거란군 특유의 빠르기로 고려 영토를 휘저으려고 할 때 적절히 대응할 수 있었다. 이제는 벌판에서 거란 대군과 마주했다. 지금부터는 오로지 힘의 대결이었다.

거란군의 작전회의

고려군이 뒤따라 붙자 소배압은 장수들을 모아 놓고 작전회의를 했다. 소배압은 고민에 빠져 있었다. 이대로 고려 영토를 빠져나갈 것인가! 아니면 뒤쫓는 고려군과 한바탕 회전을 할 것인가!

『요사』 야율팔가 열전
다하(茶河)와 타하(陀河)를 건너는데, 고려의 추격병들이 당도했다.

다하와 타하가 어떤 강인지 현재 정확히 알지 못한다. 그래서 여러 가지 설들이 있다. 여기에서는 압록강과 청천강 설을 염두에 두고 이야기를 전개한다.

대다수의 장수들은 이렇게 주장했다.

"고려군이 두 강을 건넌 후에, 공격해야 합니다."

두 강을 압록강과 청천강이라고 본다면, 사실 고려 영토에서 빠져나가자는 말이었다. 이번 전쟁에서 거란군의 피해는 누적되어 있었다. 따라서 이것이 가장 안정적인 계책이었다.

그런데 그때 야율팔가가 반대 의견을 내놓았다.

"고려군이 두 강을 건너면, 반드시 목숨을 걸고 싸울 것입니다. 이것은 위험한 길입니다. 두 강 사이에서 싸우는 것이 낫습니다."

야율팔가는 고려 영토에서 싸우기를 주장했다. 거란군이 지금까지 고려 영토에서 벌어진 두 번의 회전에서 모두 승리했기 때문에 이런

강감찬과 소배압

의견을 낸 것이었다.

　결국 소배압은 야율팔가의 의견에 따랐다. 그리하여 구주 동쪽 들판에 진을 치고 고려군을 기다렸던 것이다.

고려군 진영과 거란군 진영

구주성 동북쪽 벌판에 두 나라 군대가 도열했다. 벌판에서 이루어지는 대회전은 거란군이 가장 좋아하는 전투방식이었다. 지치긴 했어도 소배압의 거란군은 천하최강의 군대였다. 압도적으로 우세한 힘과 속도로 고려군을 포위 섬멸할 것이었다.

지금까지 벌어진 두 번의 대회전에서 고려군은 모두 패했었다. 이번이 세 번째였다. 이번에는 반드시 달라야 할 것이었다. 본국의 영토에서 전쟁하는 만큼, 검차와 거마창 같은 기병 저지용 무기는 충분히 준비되어 있었다.

그러나 역시 가장 중요한 것은 사람! 역설적이게도 고려군들은 지난 10여 년간 거란군과의 전쟁으로 단련된 병사들이었다.

서로의 진영을 본 강감찬과 소배압은 모두 진격 명령을 내렸다.

"진격하라!"

앞으로의 역사의 향방을 가를 전투가 드디어 막을 올렸다.

구주대첩의 시작

고려군과 거란군 모두 치열하게 화살을 쏘아대는 것부터 시작했다. 3년 만에 다시 주력군 간의 건곤일척의 승부가 시작된 것이다. 그런데 때는 겨울, 바람이 북쪽에서 불어오고 있었다. 북쪽에 위치한 거란군이 쏜 화살은 바람을 타고 더 멀리 매섭게 날았다. 그러나 남쪽에서 고려군이 쏜 화살은 맞바람의 영향으로 멀리 뻗지 못했다.

회전이 벌어진 곳으로 추정되는 지점은 좌우 폭이 1km 정도 되는 곳이었다. 서로 종심을 두텁게 하여 진을 쳤을 것이고 한참 동안 막상막하로 승패를 결정짓지 못했다.

거란 군영
– 주위에 수레나 목책 등을 두르고 약 1km 후방

총 10대, 6,000명 – 1도(道)

창기병, 100기*6열(1대)
궁기병 5대
창기병 5대
궁기병, 100기*6열(1대)
궁기병, 100기*6열(1대)
궁기병, 100기*6열(1대)

소배압
(수레 타고 있음,
말 1마리)

총 10대, 6,000명 – 1도(道)

창기병, 100기*6열(1대)
궁기병 5대
창기병 5대
궁기병, 100기*6열(1대)
궁기병, 100기*6열(1대)
궁기병, 100기*6열(1대)

총 10대, 6,000명 – 1도(道)

창기병, 100기*6열(1대)
궁기병 5대
창기병 5대
궁기병, 100기*6열(1대)
궁기병, 100기*6열(1대)
궁기병, 100기*6열(1대)

총 10대, 6,000명 – 1도(道)

창기병, 100기*6열(1대)
궁기병 5대
창기병 5대
궁기병, 100기*6열(1대)
궁기병, 100기*6열(1대)
궁기병, 100기*6열(1대)

총 10대, 6,000명 – 1도(道)

창기병, 100기*6열(1대)
궁기병 5대
창기병 5대
궁기병, 100기*6열(1대)
궁기병, 100기*6열(1대)
궁기병, 100기*6열(1대)

총 10대, 6,000명 – 1도(道)

창기병, 100기*6열(1대)
궁기병 4대
창기병 5대
궁기병, 100기*6열(1대)
궁기병, 100기*6열(1대)

방패병, 200명*3열(1대)

총 10대, 6,000명 – 1도(道)

창기병, 100기*6열(1대)
궁기병 4대
창기병 5대
궁기병, 100기*6열(1대)
궁기병, 100기*6열(1대)

방패병, 200명*3열(1대)

총 10대, 6,000명 – 1도(道)

창기병, 100기*6열(1대)
궁기병 4대
창기병 5대
궁기병, 100기*6열(1대)
궁기병, 100기*6열(1대)

방패병, 200명*3열(1대)

공격방향

공격방향

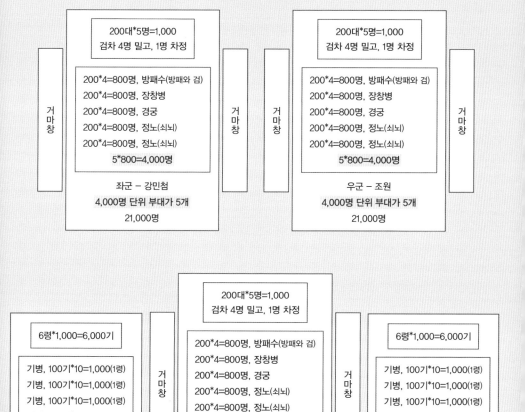

| 200대*5명=1,000 |
| 검차 4명 밀고, 1명 차정 |

200*4=800명, 방패수(방패와 검)
200*4=800명, 장창병
200*4=800명, 경궁
200*4=800명, 정노(쇠뇌)
200*4=800명, 정노(쇠뇌)
5*800=4,000명

좌군 – 강민첨
4,000명 단위 부대가 5개
21,000명

거마창

거마창

| 200대*5명=1,000 |
| 검차 4명 밀고, 1명 차정 |

200*4=800명, 방패수(방패와 검)
200*4=800명, 장창병
200*4=800명, 경궁
200*4=800명, 정노(쇠뇌)
200*4=800명, 정노(쇠뇌)
5*800=4,000명

우군 – 조원
4,000명 단위 부대가 5개
21,000명

거마창

6령*1,000=6,000기

기병, 100기*10=1,000(1령)
기병, 100기*10=1,000(1령)
기병, 100기*10=1,000(1령)
기병, 100기*10=1,000(1령)

기병 총 6령

거마창

| 200대*5명=1,000 |
| 검차 4명 밀고, 1명 차정 |

200*4=800명, 방패수(방패와 검)
200*4=800명, 장창병
200*4=800명, 경궁
200*4=800명, 정노(쇠뇌)
200*4=800명, 정노(쇠뇌)
5*800=4,000명

중군 – 강감찬 (발화, 강노, 석투)
4,000명 단위 부대가 5개
21,000명

거마창

6령*1,000=6,000기

기병, 100기*10=1,000(1령)
기병, 100기*10=1,000(1령)
기병, 100기*10=1,000(1령)
기병, 100기*10=1,000(1령)

기병 총 6령

고려군과 거란군의 진영 추정도

바람을 몰고 온 남자

전투는 잠시 소강상태가 되었다. 고려군과 거란군 모두 가쁜 호흡을 내쉬고 있었다. 전투는 사람의 체력을 극한까지 소모시키는 행위였다.

그야말로 백중세, 팽팽한 접전이었으나 바람의 방향에서 유리한 거란군이 공세적인 입장이었고 고려군이 수세적인 상황이었다.

그러나 고려군 대부분은 가족이나 친구들을 거란군에 잃은 사람들이었다. 이들은 쉽게 무너질 수 없었고 무너지지도 않았다. 지금까지 두 번의 회전과는 다르게 거란군과 호각지세를 이루고 있었다.

그때였다. 깃발들이 순간 북쪽으로 나부끼기 시작했다. 바람의 방향이 바뀌어 갑자기 남풍이 불기 시작한 것이다. 그와 더불어 비구름이 남쪽에서 몰려오고 있었다.

그런데 그 구름 아래, 하나의 깃발이 있었다. 구름은 마치 그 깃발 끝에 걸려서 오고 있는 듯 보였다.

깃발을 필두로 점점 모습을 드러내는 군사들. 개경을 호위하러 갔던 김종현과 1만 정예군이 도착한 것이다. 그들은 비바람과 더불어 구주 전장에 진입하고 있었다.

이때 강감찬과 고려 군사들의 눈에는, 마치 김종현과 그의 군대가 비바람을 몰고 오는 것처럼 보였을 것이다.

김종현이 전장으로 바람을 몰고 오고 있었다!

총공격

남쪽에 위치해 있던 고려군으로서는 1만 정예기병과 남풍이라는 강력한 우군을 둘이나 덤으로 얻은 셈이었다.

강감찬은 기회를 놓치지 않고 명령했다.

"총공격하라!"

김종현의 등장에 전장의 고려군들은 용기백배해졌다. 그리고 그 기세를 타고 거란군을 맹렬히 공격하기 시작했다. 또한 남쪽에서 몰

고려군의 총공격

려온 비바람이 거란군의 얼굴을 거세게 때렸다.

8년 전 삼수채에서, 3년 전 곽주 서쪽에서도 고려군은 초반에 유리했다. 그렇지만 거란군을 끝장낼 결정적 한 방이 부족했다. 이번에는 반드시 달라야 할 것이었다.

고려 군사들은 서로의 얼굴을 보며 서로를 격려했다.

"우린 할 수 있어!"

하나가 되어, 그들이 가지고 있는 모든 힘을 사용할 순간이었다.

드디어 고려군들이 거란군들을 밀어붙이기 시작했다. 잠시 후 고려군 진영이 완전히 전개했고, 거란군을 3면에서 에워쌌다. 고려군 입장에서는 가장 완벽한 진형이 형성된 것이었다.

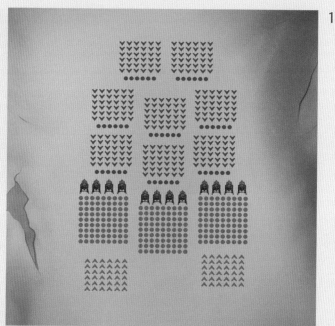

고려군 검차

● 고려군 보병

∧ 고려군 기병

● 거란군 보병

∧ 거란군 기병

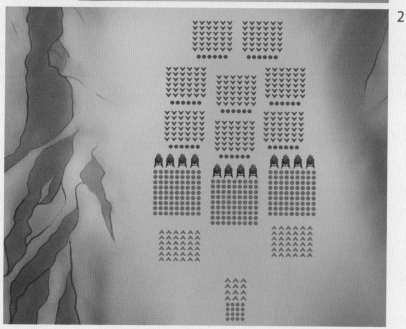

전장 상황도

3

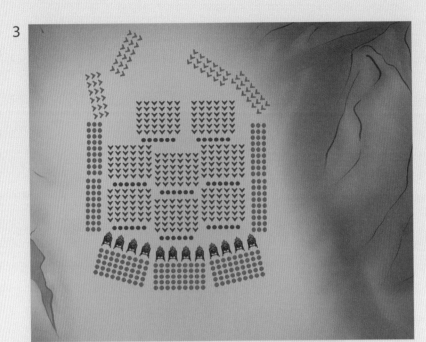

4

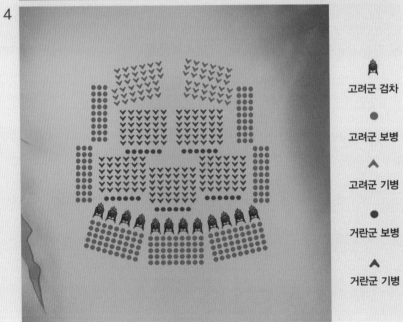

고려군 검차

고려군 보병

∧ 고려군 기병

거란군 보병

∧ 거란군 기병

『요사』에는 이때의 상황을 이렇게 기록하고 있다.

"고려군들이 좌우로 좁혀오며 사격했다(敵夾射)"

팽팽했던 승부의 추는 이제 고려 쪽으로 서서히 기울고 있었다. 드디어 거란군 진영이 무너졌고 거란 군사들이 무질서한 패주를 하기 시작했다

소배압은 명령을 내려 상황을 수습해보려고 했지만, 이미 패신의 광풍이 거란군을 휩쓸고 있었다. 소배압이 할 수 있는 일은 아무것도 없었다. 소배압은 갑옷과 병장기를 모두 버렸다. 갑옷은 패주하는 데 아무런 쓸모가 없는 물건이었다. 거란군 총사령관 소배압은 전장을 떠났다.

거란군들은 무작정 북쪽으로 내달렸다. 고려군들은 그런 거란군을 추격하며 주살했다. 거란이 패주하면서 버리고 간 무기와 갑옷들로 다니는 길이 막힐 지경이었으나 고려군들은 악착같이 거란군을 뒤쫓았다.

거란군 10만은 이 전투에서 대개 죽거나 사로잡혔다. 거란으로 무사히 돌아간 인원은 수천 명에 불과했다. 거란군이 이토록 참혹하게 패배한 것은 거란 역사상 처음 있는 일이었다. 고려 입장에서는 이때까지의 패배를 모두 설욕하고도 남는 대승리였다.

구주대첩에서의 고려군의 피해는 『고려사』에 이렇게 기록되어 있다.

"유백부(庾伯符) 등 173명이 힘을 다하여 싸우다가 전사하였으므로, 그들의 관직을 높이고 유가족들에게 쌀과 보리를 차등 있게 내렸다."[88]

『고려사』 기록에 의하면, 고려군의 피해는 겨우 173명이 전사한 것에 그쳤다. 그야말로 완벽한 승리였다.

소배압은 겨우 도망쳐서 거란으로 돌아갔다. 패전 소식을 들은 거란 황제 야율융서는 크게 노하여 사자를 보내 소배압을 꾸짖었다.

"네가 적을 얕보고 깊이 들어가서 이 지경에 이르렀으니 무슨 면목으로 나를 볼 것이냐! 짐이 마땅히 네 낯가죽을 벗긴 후에 죽일 것이다."

흥의역

현종은 친히 개경 북쪽 영파역(迎波驛)까지 마중 나가서 강감찬을 비롯한 장수들과 군사들에게 연회를 베풀었다. 그리고 금으로 만든 꽃가지 여덟 개를 강감찬의 머리에 꽂아준 후, 오른손에는 금으로 된 술잔을, 왼손에는 강감찬의 손을 잡고서 위로하고 찬탄하기를 그치지 않았다.

"경이 아니면 누가 이 일을 해내었겠소!"

18세에 즉위하자마자, 10여 년간이나 거란의 침략에 시달렸으니 이 승리의 기쁨을 말로 표현할 수 없었을 터다. 강감찬이 현종에게 감사의 절을 올리며 겸손의 말을 했다.

"감히 감당할 수 없습니다."

현종은 전공을 세운 군사들과 전사자들에게 포상하고 그 예를 다하였다. 그리고 영파역의 이름을 흥의역(興義驛)으로 고쳤다. '의기를 떨쳤다'는 의미였다.

구주대첩 후 고려와 거란

구주대첩으로 고려와 거란의 전쟁이 종결된 것으로 알려져 있으나 그렇지 않다.

거란 황제 야율융서는 구주대첩 직후, 바로 군대를 조직하여 고려를 공격하라는 명령을 내렸다.[89] 그러나 실제 침공으로 이어지지는 않았다. 그다음 해인 1020년에도 역시 고려 침공을 준비했다.[90]

1023년 10월, 드디어 거란은 실제적인 군사행동에 들어갔다.

『요사』 1023년 10월[91]

겨울 10월에 동쪽 정벌군이 아뢰었다.

"군대를 통솔하여 모모국령과 고산령을 넘어서 들어갔습니다. 저번 달 말일에는 달리하(撻離河)에 이르렀습니다. 그러나 적을 만나지 못하여 돌아왔습니다. 이번 달에 홍파지령에서 적을 만났는데 낙타와 말이 죽은 것이 심히 많습니다."

이때 거란군을 상대한 고려 장수는 유방(庾方)이었다.

『고려사』 1023년 봄 정월 정축일
유방을 서북면행영도통사로 임명했다.

자세한 전투 상황은 기록이 없어 알 수 없으나, 어찌 되었건 거란 군은 또다시 패하고 말았고 이 이후에 드디어 거란군의 대규모 침공 이 종식된다.

그러나 소규모 국경 분쟁은 계속되었다.

1024년경, 고려의 병부낭중 피위종(皮渭宗)은 국경을 순시하다가 사냥을 하고 있는 거란 장군 야율살할(耶律撒割)을 보고 달려 나가 그 의 목을 벤다.[92]

1029년에는 발해인 대연림(大延琳)이 거란의 동경에서 반란을 일으 키자, 고려는 거란이 점거한 보주(의주)를 공격한다.[93]

군사적인 긴장 상태가 유지되는 것과 별도로, 고려와 거란은 단절 되어 있었던 사신 왕래를 다시 시작한다.[94] 그리고 고려는 억류되어 있던 거란 사신 야율자충을 돌려보낸다. 거란 황제 야율융서는 야율 자충이 고려에 있으면서 절개를 지킨 점을 가상히 여겨 중용했다.[95]

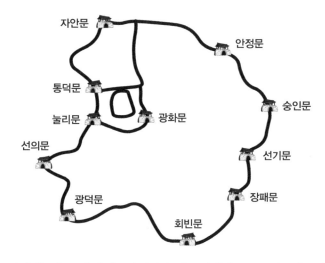

나성에는 총 25개의 성문이 있었다. 위 그림에서는 주요 성문만 표시했다.

1030년 11월 팔관회

이즈음 개경 외곽을 둘러싼 거대한 성곽인 나성이 완성된다(1029년). 강감찬의 건의로 축조된 나성은 개경의 방어력을 높임과 동시에 도 성으로서의 위용을 보여주는 성곽이었다.

나성의 길이는 20여km, 성벽 높이는 8m, 성벽 위에는 행랑이 4천 9백 10칸이나 지어진 장대한 규모였다.

태조 왕건이 중시하라고 했던 팔관회는 현종 때에는 더욱 성대한 국제적인 행사로 성장해 있었다. 송, 거란, 여진, 일본, 대식국, 탐라 등 해외에서 온 사신과 상인들이 현종에게 축하 인사를 드리고 선물을 바쳤다.

　팔관회 때에는 무대가 설치되고 각종 공연이 행해졌다. 현종이 사람들과 더불어 공연을 보며 즐기고 있는데 무대 위로 55명의 무희가 뛰어 들어왔다. 무희들은 '풍입송(風入松)'이라는 노래를 부르며 왕모대가모(王母隊歌舞)[96]라는 춤을 췄다.

　"해동의 천자는 하늘을 보좌하여 세상을 보살피러 오셨네.

　외국에서 스스로 내조(來朝)하여 온갖 보물을 우리 임금님께 바치니, 금으로 만든 계단과 옥으로 지은 전각에서 만세를 외친다네.

　우리 임금님께서 길이 보위(寶位)에 계시기를 바라며,

　이러한 천하태평의 시절을 만나 아름다운 음악을 연주하고 노래를 부른다네."

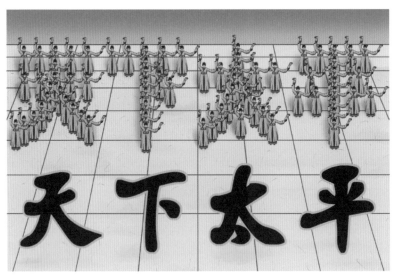

천하태평

이 팔관회가 현종의 마지막 팔관회였다. 현종이 그 이듬해인 1031년 5월 사망하기 때문이다. 나이는 40세였으며 22년간 재위했다. 그리고 이 해에 우연히도 고려 현종이 5월, 거란 황제 야율융서가 6월, 강감찬이 8월에 모두 삶을 마감한다.

고려 현종, 관용의 정신과 용기를 갖춘 위대한 왕

현종은 형벌을 매우 관대하게 집행했다. 심지어 자신에게 반기를 들고 공격한 사람도 용서했다. 거란과의 전쟁이 마무리되고 어느 시점, 현종은 천추태후를 개경으로 불러 숭덕궁에 살게 해준다. 자신을 죽이려 했던 천추태후 역시 용서한 것이었다. 현종은 관용의 정신을 가지고 있었다.

또한 강력한 거란군에 맞서서 물러서지 않을 만큼 담대하고 용기 있는 사람이었다.

고려 후기 대학자 이제현(李齊賢)은 다음과 같이 현종을 논평했다.

"현종은 무엇 하나 흠을 잡을 수 없는 분이라 할 것이다."

에필로그
현종 이후

현종이 사망하자 현종의 첫째 아들 왕흠(王欽)이 즉위한다. 그가 덕종 (德宗, 재위 1031~1034)이다. 덕종의 모친은 김은부의 첫째 딸, 원성태후 였다.

그런데 덕종은 거란에 대해서 강경한 입장을 취했다. 덕종은 보주 (의주)를 돌려줄 것을 거란에 요구했고 거란이 거절함으로써 외교관 계가 완전히 단절된다. 덕종은 거란과의 전쟁을 대비하여 천리장성 을 쌓는다. 장성을 쌓는 것을 방해하려고 거란군이 침입해 들어오지 만 고려군이 가볍게 물리쳤다.[97]

덕종은 재위 3년 만에 사망하고 그 뒤를 이어 정종(靖宗, 재위 1034~1046)이 즉위한다. 정종 역시 원성태후의 아들이었다. 정종은 거 란에 대해서 유화적이었고 이때부터 고려와 거란은 다시 외교관계를 수립하게 된다. 이로써 거란이 멸망할 때까지 평화 시기가 이어진다.

고려는 그 후 동북쪽 국경을 꾸준히 개척하여, "서북쪽은 고구려에

미치지 못했으나 동북쪽은 고구려를 넘어섰다"라고 『고려사』는 기록
하고 있다.

주

1 현재 차오양시(朝陽市) 부근

2 『요사(遼史)』 권1, 태조 상

3 『요사(遼史)』 권1, 태조 상 원년(元年, 907년)

4 『요사(遼史)』 권2, 태조 하 천찬4년(天贊四年, 925년) 12월

5 요사가 참고한 옛 기록에 의하면 부여의 변이라고 한다. 어쩌면 발해 부흥
  군에 의해서 암살당했었을 가능성도 있다.

6 『삼국사기』 제50권 열전 제10 궁예 중에 서경성주 장군 검용

7 『고려사』 권1, 태조 원년(918년) 9월

8 『고려사』 권82, 지제36, 병(兵)2 성보

9 『고려사』 권2 태조 15년(932년) 여름 5월

10 『고려사』 권1, 태조 8년(925년) 가을 9월 『고려사』 권1, 태조 8년(925년) 12월

  『고려사』 권1, 태조 9년(926년) 3월

  『고려사』 권1, 태조 11년(928년) 3월

  『고려사』 권1, 태조 11년(928년) 가을 7월

  『고려사』 권1, 태조 11년(928년) 9월

  『고려사』 권1, 태조 12년(929년) 9월

  『고려사』 권2, 태조 17년(934년) 가을 7월

  『고려사』 권2, 태조 17년(934년) 겨울 12월

11 『고려사』 권2, 태조 21년(938년) 봄 12월

12 『요사(遼史)』 권3, 태종 상 천현12년(天顯十二年, 937) 6월

13 『요사(遼史)』 권1, 태조 상 9년(915년) 겨울 10월

  『요사(遼史)』 권1, 태조 상 신책3년(神冊三年, 918년) 겨울 10월

『고려사』 권1, 태조 5년(922년) 봄 2월

『요사(遼史)』 권2, 태조 하 천찬4년(天贊四年, 925년) 겨울 10월

『요사(遼史)』 권2, 태조 하 천찬5년(天贊五年, 926년) 2월

『요사(遼史)』 권3, 태종 상 천현12년(天顯十二年, 937) 9월

『요사(遼史)』 권4, 태종 하 회동2년(會同二年, 939년) 봄 1월

14 『구오대사(舊五代史)』 권88, 진서14(晉書十四) 열전3(列傳三) 경연광(景延廣)

15 『고려사』 권2, 태조 25년(942년) 겨울 10월

16 『고려사』 권2, 태조에 대한 이제현의 찬

17 『자치통감(資治通鑑)』 권285, 후진기6(後晉紀六) 개운2년(開運二年, 943년) 11월

18 『고려사』 권92, 열전5 최언위(崔彦撝) 부 최광윤(崔光胤)

19 『고려사』 권82, 지제36, 병(兵)2 성보

20 『고려사』 권2, 정종 4년(949년) 3월

21 다양한 설이 있다.

22 『고려사』 권3, 성종 4년(985년) 여름 5월

23 『송사(宋史)』 권487, 열전 제246 외국3(外國三) 고려(高麗) 중에 강전(康戩, ?~1006년)

24 『고려사』 권3, 성종 즉위년(981년) 겨울 11월

25 『선화봉사고려도경』 제19권 민서(民庶) 주인(舟人)

26 『고려사』 권85, 지제39, 형법(刑法)2 금령(禁令) 982년 4월

『고려사절요』 제2권 성종 문의대왕(成宗文懿大王) 982년 4월

27 『송사(宋史)』 권431, 열전 제190 유림(儒林)1 공유(孔維)

『고려사]』 권3, 성종 2년(983년) 3월

28 『속자치통감장편(續資治通鑑長編)』 권27, 옹희3년(雍熙三年, 986년) 1월

29 『송사(宋史)』 권4 태종(太宗)1 태평흥국 4년(太平興國 4年, 979년) 1월 7일

30 『송사(宋史)』 권277 열전(列傳)36 한국화(韓國華)

31 『고려사』 권3, 성종 5년(986년) 1월

32 『요사(遼史)』 권11, 성종(聖宗)2 통화4년(統和四年, 986년)

33 『송사(宋史)』 권4 태종(太宗)1 태평흥국6년(太平興國6年, 981년) 7월 11일

『요사(遼史)』 보령7년(保寧七年, 975년) 7월, 9월

34 『영추산대자은현화사지비명(靈鷲山大慈恩玄化寺之碑銘)』 중에, 성종(成宗)이
   현종(顯宗)의 아버지 왕욱에게 보낸 편지

35 『고려사』 권94, 열전7 서희(徐熙)

36 『고려사』 권94, 열전7 서희(徐熙)

37 『고려사』 권94, 열전7 서희(徐熙)

38 『고려사』 권94, 열전7 서희(徐熙)

39 『요사(遼史)』 권34, 병제4(志第四) 병위지 상(兵衛志 上)
   거란군이 출병하는 방식에는 3가지가 있다. 1.황제가 친정할 때─전국의 가용
   한 군사들을 모두 동원한다, 2.황제가 친정하지 않지만 도통을 임명할 때─15
   만 정도의 군사를 동원한다, 3.도통도 임명하지 않을 때─기병 6만 정도를 동
   원한다.

40 『고려사』 권94, 열전7 서희(徐熙)

41 『고려사』의 기록이 자세하지 않아 서희의 위치에 대해서는 여러 해석이 있
   을 수 있다. 이 책에서는 서희가 안주방어선을 총괄하고 있었다는 해석을
   따랐다.

42 『고려사』 권60, 지제14, 예(禮)2 길례대사 태묘(太廟) 묘정에 배향하는 체협
   공신(禘祫功臣配享於庭)

43 소손녕의 이름은 항덕이고 손녕은 자이다. 그런데 한국에서는 소항덕보다는
   소손녕이라는 이름이 더 많이 알려져 있다.

44 『요사(遼史)』 권88 열전 제18(列傳第十八) 소항덕(蕭恒德)

45 『고려사』 권10, 선종 5년(1088년) 9월

46 연도기행 1656년 8월 29일 기록.

47 『요사(遼史)』 권13, 성종(聖宗)4 통화12년(統和十二年, 994년) 9월

48 『고려사』 권3, 성종 13년(994년) 8월

49 지금의 허난성 푸양시(濮阳市)

50 경상남도 사천시 와룡산 부근

51 창건주가 자신의 소원이나 극락왕생을 빌기 위해 세운 사찰.

52 『고려사』 권3, 목종 12년(1009) 2월. 목종이 강조에게 전하는 말에서 '고향에
   돌아가기를 원한다'고 했으니, 충주가 목종의 고향인 듯하다. 어떤 이유로
   충주가 목종의 고향인지는 알 수 없다.

53 『요사(遼史)』 권88, 열전 제18(列傳第十八) 소적렬(蕭敵烈)

54 『속자치통감(續資治通鑑)』 권29, 대중상부3년(大中祥符三年, 1010년) 11월

55 지금의 평안북도 선천군

56 유군: 진(陣)의 후방에 있다가, 적을 교란하거나 후퇴하는 적을 추격하는 임무를 맡은 병력.

57 『고려사』 권127, 열전40, 반역1 강조(康兆)

58 『요사(遼史)』 권88, 열전 제18(列傳第十八) 야율분노(耶律盆奴)

59 『고려사』 권94, 열전7 양규(楊規) 열전 중에는 홍숙(洪淑)이라고 기록되어 있지만, 『고려사』 권78, 지제32, 식화(食貨)1 전시과(田柴科) 중에는 이홍숙(李洪叔)으로 기록되어 있다.

靖宗七年正月 門下省奏, "舊法, 凡犯罪者, 不得受永業田. 上將軍李洪叔, 曾犯憲章, 流配嶺表, 其妻子孫, 不當給田." 制曰, "洪叔, 昔在通州, 丹兵來攻, 城垂陷, 固守不下, 成不朽之功. 可賞延于世, 以激將來, 宜令給田."

60 『고려사』 권4, 현종 2년(1011년) 8월, 탁사정은 전쟁이 끝난 후 유배당한다.

61 [네이버 지식백과] 보장왕 상 [寶藏王 上] (원문과 함께 읽는 삼국사기, 2012. 8. 20., 한국인문고전연구소)

62 『요사(遼史)』 권88, 열전 제18(列傳第十八) 야율분노(耶律盆奴)
『요사(遼史)』 권88, 열전 제23(列傳第二十三) 소혜(蕭惠)

거란군이 서경에서 개경으로 올 때, 『고려사』에 기록되어 있지 않은 전투가 2번 있었다. 『요사』에 의하면, 서령(西嶺)과 노고달북령(奴古達北嶺)이라는 곳에서 고려군과 전투를 했다고 한다.

63 승지는 고려 때 왕의 시종이다.

64 『삼국유사』 제1권, 기이 제1(紀異 第一) 천사옥대(天賜玉帶)
『고려사』 권2, 태조 20년(937년) 여름 5월

65 『신증동국여지승람』 제16권, 충청도(忠淸道) 직산현(稷山縣) 중에 현종이 세운 홍경원(弘慶院). 현종은 이때 경험을 계기로 후에 이곳에 봉선홍경사(奉先弘慶寺)라는 절과 광연통화원(廣緣通化院)이라는 객관을 세워 행인들이 쉬어갈 수 있게 한다.

66 지채문 열전에는 대명궁주(大明宮主)라고 되어 있다.

67 현화사 비문(1020년) 참조.

68 음서는 공신의 자손에게 관직을 하사하는 제도였다.

69 「한국구전설화, 임석재, 평민사」 황해도 편

70 『고려사』 권4, 현종 4년(1013년) 9월

『고려사』 권95, 열전8 황주량(黃周亮)

칠대실록은 현종 전에 7명의 왕에 대한 실록이다. 이 칠대실록은 조선 때까지 보관되어오다가, 1592년 임진왜란 때 완전히 소실된다.

71 진병대장경판(鎭兵大藏經板)의 판각 시기에 대해서는 여러 가지 설이 있다. 『대각국사문집(大覺國師文集)』에 실린 「대선왕제종교장조인소(代宣王諸宗敎 藏彫印疏)」를 참조.

72 『진병대장경판』은 『초조대장경판』이라고도 불린다.

73 『동국이상국전집』 제25권, 잡저(雜著) 대장각판군신기고문(大藏刻板君臣祈 告文)

74 『고려사』 권4, 현종 2년(1011년) 8월

75 『고려사』 권56, 지제10, 지리(地理)1 지리 서문

76 『요사(遼史)』 권15, 성종(聖宗)6 개태원년(開泰元年, 1013년) 여름 4월

77 평안북도 룡천군

78 평안북도 철산군

79 『고려사』 권4, 현종 3년(1012년) 6월

80 지금의 함경남도 금야군

81 『고려사』 권64, 지제18, 예(禮)6, 9. 다섯 종류 상복에 관한 제도

여기서 "개인의 죄는 처자에게까지 미치지 않는다는 것은 '과거의 법전'에 기록된 떳떳한 준칙이다."라고 언급하고 있다. 여기서 말하는 '과거의 법전'이 현종 때 만들어진 것으로 생각된다.

82 응양군(鷹揚軍)과 용호군(龍虎軍)의 창설연대에 대한 정확한 기록은 없지만 이즈음에 창설된 것은 분명하다.

83 소허열은 『요사』(遼史)에 허열(虛烈), 굴열(屈烈), 허열(虛列) 등으로 기록되어 있다.

84 『요사(遼史)』 권15, 성종(聖宗)6 개태4년(開泰四年, 1015년) 11월

85 『고려사』 권4, 현종 6년(1015년) 11월

86 『요사(遼史)』 권83, 열전 제13(列傳第十三) 耶律烏不呂

87 『요사(遼史)』 권81, 열전 제11(列傳第十一) 蕭合卓

88 『고려사』 권4, 현종 10년(1019년) 3월

89 『요사(遼史)』 권16, 성종(聖宗)7 개태8년(開泰八年, 1019) 8월

90 『요사(遼史)』 권16, 성종(聖宗)7 개태9년(開泰年, 1020년) 9월

91 『요사(遼史)』 권16, 성종(聖宗)7 태평3년(太平三年, 1023년) 10월

92 『고려사』 권5, 현종 16년(1025년) 1월

93 『고려사』 권94, 열전7 곽원(郭元)

94 『요사(遼史)』 권16, 성종(聖宗)7 개태8년(開泰八年, 1019년) 12월

　　『요사(遼史)』 권16, 성종(聖宗)7 태평원년(太平元年, 1021년) 11월

　　『고려사』 권4, 현종 10년(1019년) 5월

　　『고려사』 권4, 현종 10년(1019년) 8월

95 『요사(遼史)』 권16, 성종(聖宗)7 개태9년(開泰年, 1020년) 5월

　　『고려사』 권4, 현종 11년(1020년) 3월

　　『고려사』에는 야율자충(耶律資忠)의 이름이 야율행평(耶律行平)과 지자리(只刺里)로 기록되어 있다.

96 『고려사』 권71, 지제25, 악(樂)2 속악(俗樂)을 쓰는 절도(節度)

　　왕모대가무에 대한 기록은 1077년(문종 31년)이 처음이지만, 현종 때도 행해졌을 수 있다.

97 『고려사』 권94, 열전7 유소(柳韶)

참고문헌

강순제, 『한국 복식 사전』, 민속원, 2015

고전연구실, 『북역 고려사』, 신서원, 1997

구산우, 「고려 시기의 촌락과 사원-재가화상·수원승도의 실체와 관련하여」, 한국
    중세사연구 통권 제13호, 2002.10, pp.5-39, 1225-8970 KCI

김동현, 『서울의 궁궐건축』, 시공사, 2002

김운태 저, 『고려 정치제도와 관료제』, 박영사, 2005

김위현 외 역주, 『국역 요사』, 단국대학교출판부, 2012

김은정, 「조선시대 유삼(油衫)의 용례와 형태 재현에 관한 연구」, Journal of
    Korean Traditional Costume Vol.16, No.1, 2013, pp.39-50

김종서 외, 민족문화추진회 역, 『고려사절요』, 신서원, 2004

김창현, 「고려 서경의 성곽과 궁궐」, 순천향대학교·한경대학교

김창현, 「고려 서경의 행정체계와 도시구조」, 한국사연구137, 2007, pp.33-77,
    1226-296X KCI

노태돈, 「고려로 넘어온 발해 박씨에 대하여」, 한국사연구 제141호, pp.83-95,
    1226-296X KCI

동북아역사재단, 『구오대사 신오대사(역주 중국정사 외국전 12)』, 동북아역사재
    단, 2011

동북아역사재단, 『송사 외국전 역주』, 동북아역사재단, 2011

민승기, 『조선의 무기와 갑옷』, 가람기획, 2004

박용운, 『고려사 여복지 역주』, 경인문화사, 2013

박용운, 「고려 시기의 복두와 복두점」, 한국사학보 제19호, 2005.3, pp.9-32,
    1229-6252 KCI

박용운, 「고려 시기의 行營兵馬使에 대한 고찰」, 한국중세사연구 통권 제25호, 2008, pp.279-302

방인, 『다산 정약용의 '주역사전' 기호학으로 읽다』, 예문서원, 2014

버나드 몽고메리, 승영조 역, 『전쟁의 역사』, 책세상, 2001

변주승·문용식 외 역주, 『여지도서』, 디자인흐름, 1998

빙허각 이씨, 정양완 역주, 『규합총서』, 보진재, 2008

서긍, 조동원 역, 『고려도경』, 황소자리, 2005

서일범, 「서희가 축성한 성곽과 청천강 이북 방어체계」, 중국 연변대

세종대왕기념사업회 편집부, 『역주 병학지남』, 세종대왕기념사업회, 2014

송규빈, 성백효 역, 『풍천유향』, 국방부군사편찬연구소

송인주, 『고려시대 친위군 연구』, 일조각, 2007

신유한, 김찬순 역, 『해유록』, 보리, 2006

안주섭, 『고려 거란 전쟁』, 경인문화사, 2003

양옥다, 「올야(兀惹)·정안국(定安國)과 연파(燕頗)」, 《인문학논총》 제13집 2호, 경성대학교 인문과학연구소, 2008

유성룡, 장재한 외, 『서애집』, 솔, 1997

윤경진, 「고려 태조-광종대 북방 개척과 州鎭 설치」, 규장각 제37집, pp.251-288, 1975-6283 KCI후보

이강민, 「북한 명승의 현황 및 지정분석에 관한 연구」, 석사학위논문, 상명대학교, 2013

이규보, 『동국이상국집』, 명문당, 1982

이선영, 「〈음식디미방〉과 〈주방문〉의 어휘 연구」, 어문학 통권 제84호, 2004.6, pp.123-150

이성규, 「요사(遼史) 국어해(國語解)의 거란어 연구」, 한국몽골학회

이수건, 『한국중세사회사연구』, 일조각, 1984

이익, 최석기 역, 『성호사설』, 한길사, 1999

이인로, 고려대학교 한국사연구소 고려시대사연구실 역주, 『파한집』, 경인문화사, 2013

이정훈, 「고려 성종대 정국운영과 金審言의 6正 6邪」, 한국사상사학 제31집, 2008.12월, pp.101-126, 1226-9441 KCI

이제현, 『역옹패설』, 지만지, 2009

이종봉, 『한국중세도량형제연구』, 혜안, 2001

이행 외, 민족문화추진회 편, 『신증동국여지승람』, 솔, 1996

임석재, 『한국구전설화집』, 평민사, 1996

임용한, 『전쟁과 역사2(거란 · 여진전쟁)』, 도서출판 혜안, 2004

정경운, 남명학연구원 역, 『고대일록』, 태학사, 2009

정명섭 · 신효승 · 이노우에 히로미, 김원철 그림, 『고려전쟁 생중계』, 북하우스, 2014

정요근, 「고려 전기 역제의 정비와 22역도」, 한국사론 45권 0호, pp.1–71

조선왕조실록번역팀, 『조선왕조실록』, 한국고전번역원, 2016

채웅석, 「고려 전기 사회구조와 본관제」, 서울대학교 석사논문, 1986

최부, 김찬순 역, 『표해록』, 보리, 2006

최자, 박성규 역주, 『보한집』, 도서출판 보고사, 2012

편집부, 『국역고려사』, 경인문화사, 2009

편집부, 『만기요람』, 경인문화사, 1983

한국생활사박물관 편찬위원회, 『한국생활사박물관(고려생활관)』, 사계절, 2002

한국역사연구회, 『고려의 황도 개경』, 창작과비평사, 2002

한정훈, 「고려 전기 兩界의 교통로와 운송권역」, 한국사 연구141, 2008.6, pp.123–156, 1226–296X KCI

허균, 『사찰장식 그 빛나는 상징의 세계』, 돌베개, 2000